中华人民共和国行业推荐性标准

公路桥梁景观设计规范

Specifications for Landscape Design of Highway Bridges

JTG/T 3360-03—2018

主编单位：同济大学
批准部门：中华人民共和国交通运输部
实施日期：2019 年 03 月 01 日

人民交通出版社股份有限公司

律师声明

本书所有文字、数据、图像、版式设计、插图等均受中华人民共和国宪法和著作权法保护。未经人民交通出版社股份有限公司同意，任何单位、组织、个人不得以任何方式对本作品进行全部或局部的复制、转载、出版或变相出版。

任何侵犯本书权益的行为，人民交通出版社股份有限公司将依法追究其法律责任。

有奖举报电话：（010）85285150

北京市星河律师事务所
2017 年 10 月 31 日

图书在版编目（CIP）数据

公路桥梁景观设计规范：JTG/T 3360-03—2018 / 同济大学主编. — 北京：人民交通出版社股份有限公司，2019.1

ISBN 978-7-114-14540-7

Ⅰ. ①公… Ⅱ. ①同… Ⅲ. ①公路桥—景观设计—设计标准—中国 Ⅳ. ①U448.142.5-65

中国版本图书馆 CIP 数据核字（2018）第 028070 号

标准类型：中华人民共和国行业推荐性标准
标准名称：公路桥梁景观设计规范
标准编号：JTG/T 3360-03—2018
主编单位：同济大学
责任编辑：吴有铭　李　沛
责任校对：刘　芹
责任印制：张　凯
出版发行：人民交通出版社股份有限公司
地　　址：（100011）北京市朝阳区安定门外外馆斜街 3 号
网　　址：http://www.ccpress.com.cn
销售电话：（010）59757973
总 经 销：人民交通出版社股份有限公司发行部
经　　销：各地新华书店
印　　刷：北京市密东印刷有限公司
开　　本：880×1230　1/16
印　　张：3.25
字　　数：78 千
版　　次：2019 年 1 月　第 1 版
印　　次：2019 年 1 月　第 1 次印刷
书　　号：ISBN 978-7-114-14540-7
定　　价：40.00 元

（有印刷、装订质量问题的图书，由本公司负责调换）

中华人民共和国交通运输部

公　告

第 80 号

交通运输部关于发布
《公路桥梁景观设计规范》的公告

现发布《公路桥梁景观设计规范》（JTG/T 3360-03—2018），作为公路工程行业推荐性标准，自 2019 年 3 月 1 日起施行。

《公路桥梁景观设计规范》（JTG/T 3360-03—2018）的管理权和解释权归交通运输部，日常解释和管理工作由主编单位同济大学负责。

请各有关单位注意在实践中总结经验，及时将发现的问题和修改建议函告同济大学（地址：上海市四平路 1239 号同济大学桥梁馆 313 室，邮政编码：200092）。

特此公告。

中华人民共和国交通运输部

2018 年 11 月 19 日

交通运输部办公厅　　　　　　　　　　　　　　　　2018 年 11 月 22 日印发

前　言

根据交通运输部《关于下达2010年度公路工程标准制修订项目计划的通知》（交公路发〔2010〕132号）的要求，由同济大学作为主编单位承担《公路桥梁景观设计规范》的制定工作。

编写组在广泛调研和专题研究的基础上，吸取了国内有关设计、科研、院校等单位的研究成果和实际工程经验，参考、借鉴了国外桥梁景观设计的相关指南，编制了本规范。

本规范包括8章和2个附录。其中，前3章，即1总则、2术语、3设计过程与要求，给出了景观设计的目标、要求和方法，规定了环境调查与分析、总体景观设计、主体造型设计、构件造型设计、附属设施造型设计及景观设计评价的主要内容与过程；第4章~第6章，依次对梁桥、拱桥、缆索承重桥梁等常见桥型的总体景观、主体和构件造型设计进行了规定；第7章对跨线桥景观设计做出了针对性的规定；第8章规定了附属设施造型设计的内容；附录A给出了本规范中涉及的桥梁造型设计方法，附录B列出了桥梁造型常用比例。

本细则由陈艾荣、钱锋、阮欣负责起草第1、2、3章，陈艾荣、马如进、曾明根负责起草第4章，陈艾荣、王达磊、罗晓瑜负责起草第5、6章，陈艾荣、阮欣、任丽莎负责起草第7、8章，任丽莎、陈艾荣负责起草附录A和附录B。

请各有关单位在执行过程中，将发现的问题和意见，函告本细则日常管理组，联系人：陈艾荣（地址：上海市四平路1239号，同济大学桥梁馆，邮编：200092；电话：021-65981871；传真：021-65984211；电子邮箱：a.chen@tongji.edu.cn），以便修订时研用。

主　编　单　位：同济大学
参　编　单　位：上海矩尺土木科技有限公司
　　　　　　　　　同济大学建筑设计研究院（集团）有限公司
主　　　　　编：陈艾荣
主要参编人员：王达磊　任丽莎　钱　锋　罗晓瑜　阮　欣　马如进　曾明根
参与审查人员：凤懋润　王　玉　李守善　周世忠　包琦玮　刘健新　郭晓东
　　　　　　　　周　良　马　骉　彭元诚　韩大章　李怀峰　王似舜　吴怀义
　　　　　　　　茅兆祥　马　森　李正熔　盛洪飞　胡建华　刘　谦　孙凤岐
　　　　　　　　李佳毅　曹　菲
参　加　人　员：盛　勇　闫振国　张　可　沙　莎　于菲菲

目 次

1 总则 ·· 1
2 术语 ·· 3
3 设计过程与要求 ·· 4
　3.1 一般规定 ··· 4
　3.2 环境调查与分析 ··· 4
　3.3 总体景观设计 ··· 6
　3.4 主体造型设计 ··· 7
　3.5 构件造型设计 ··· 7
　3.6 附属设施造型设计 ··· 8
　3.7 景观设计评价 ··· 8
4 梁桥 ·· 9
　4.1 一般规定 ··· 9
　4.2 主体造型 ··· 9
　4.3 主梁 ··· 11
　4.4 桥墩 ··· 13
　4.5 桥台、承台 ··· 15
5 拱桥 ·· 18
　5.1 一般规定 ··· 18
　5.2 主体造型 ··· 18
　5.3 主拱 ··· 21
　5.4 拱梁间联系 ··· 22
　5.5 主梁、横梁 ··· 22
　5.6 拱座、桥墩、桥台 ··· 23
6 缆索承重桥梁 ·· 24
　6.1 一般规定 ··· 24
　6.2 主体造型 ··· 24
　6.3 桥塔 ··· 26
　6.4 主梁 ··· 28
　6.5 缆索 ··· 28
　6.6 桥墩、锚碇 ··· 28

7 跨线桥	30
7.1 一般规定	30
7.2 主体造型	31
8 附属设施	34
8.1 护栏、栏杆	34
8.2 照明系统	34
8.3 排水管	35
8.4 风障、声屏障	35
附录A 桥梁造型设计方法	37
附录B 桥梁造型常用比例	42
本规范用词用语说明	44

1 总则

1.0.1 在安全、耐久、适用、环保、经济的前提下，为提高公路桥梁美观水平，制定本规范。

条文说明

进入21世纪以来，我国公路桥梁建设取得举世瞩目的成就，桥梁数量快速增长，一批世界级的桥梁相继建成。公路桥梁建造技术取得显著进步，设计理论、方法、标准规范体系不断完善，桥梁安全、耐久、适用、环保、经济的设计原则得到充分体现。与此同时，桥梁美观水平还有待提高，除部分大型桥梁和城市桥梁外，大量的普通中小桥梁设计时未充分考虑景观要求，少数桥梁还存在刻意追求新、奇、异造型，导致施工困难，建设、养护成本大幅增加等问题。当前，我国公路建设正从高速增长阶段向高质量发展阶段转变，建设桥梁品质工程对桥梁美观水平提出了更高的要求。在对国内外桥梁美学、景观设计的经验、方法进行全面系统研究、总结的基础上编制本规范，目的是倡导美丽桥梁的建设理念，对公路桥梁设计提出指导性和参考性的景观要求和设计方法，促进提升我国公路桥梁尤其是普通中小桥梁的美观水平。

1.0.2 本规范适用于公路桥梁的景观设计。

1.0.3 景观设计应作为公路桥梁设计的一部分，贯穿设计全过程。

条文说明

桥梁景观设计是桥梁设计工作的组成部分，一般在桥位、桥型、规模等方案确定后开展。一般来说，初步设计阶段是景观设计工作内容最多，也是最为重要的阶段。

1.0.4 公路桥梁景观设计应以桥梁自身及其与环境的协调为目标。

1.0.5 公路桥梁应选用结构合理、传力路径清晰的造型。

条文说明

公路桥梁荷载较大，一些所谓"新""奇""异"，但没有实质创新的桥梁，虽然造型特殊,但受力不合理时可能造成较高的投资,影响经济性,不应成为公路桥梁的主流。

1.0.6 公路桥梁景观设计除应符合本规范的规定外,尚应符合国家和行业现行有关标准的规定。

2 术语

2.0.1 桥梁景观　bridgescape
桥梁自身或与其所在环境共同形成的景象。

2.0.2 桥梁（构件）造型　bridge(component) form
桥梁（构件）的轮廓及形状。

2.0.3 视点　view point
观察桥梁时所处的位置。

2.0.4 视觉感受　visual sensation
观察桥梁的心理感受，包括视觉上的安全、稳定、均衡等。

2.0.5 桥梁（构件）形态　bridge(component) appearance
桥梁（构件）的外观及其视觉特征。

2.0.6 造型元素　morphologic feature
体现桥梁形态特征的要素。

2.0.7 造型单元　form unit
具有形状、色彩、材质等要素的造型体。

2.0.8 梁体高度　height of girder body
在桥梁景观设计中指主梁和护栏实体部分构成高度之和。

2.0.9 桥下空间高度　clearance height under bridge
桥梁主梁下缘与地面或水面的垂直距离。

3 设计过程与要求

3.1 一般规定

3.1.1 公路桥梁景观设计宜按照先原则后具体、先整体后局部的顺序进行。

3.1.2 公路桥梁景观设计过程应包括环境调查与分析、总体景观设计、主体造型设计、构件造型设计、附属设施造型设计及景观设计评价，并注意各个设计阶段、设计内容间的关联和衔接。

条文说明

桥梁总体景观设计主要处理桥梁与环境的关系；桥梁主体造型设计主要处理桥梁形态与桥梁构件的关系；桥梁构件造型设计主要确定受力构件的造型，实现形态效果；附属设施造型设计主要处理附属设施的形态及其与桥梁主体造型的关系。

3.1.3 公路桥梁不宜使用非功能性装饰。

3.2 环境调查与分析

3.2.1 公路桥梁景观设计应在环境调查与分析的基础上进行。

3.2.2 应对桥梁所在自然及人文环境进行调查与分析。

条文说明

对于自然和人文环境特征的准确把握、抽象和提取是桥梁设计中造型元素获得的线索之一。自然环境一般包括地形、地貌、植被特色或水域特点等；人文环境一般包括历史文物、古迹、民风民俗、民间传说及某些特殊纪念性要求等，并考虑未来环境的变化。

3.2.3 宜对桥梁所在地的公路与河流沿线以及周边地区已有桥梁景观进行调查与分析。

条文说明

调查桥梁所在地公路与河流已有的桥梁景观，对其景观特征进行分析，可以为新建桥梁的形态选择提供参考。

3.2.4 应对视点及其场景进行调查与分析，并确定主要视点。

条文说明

不同人从不同位置、角度观察桥梁，其景观效果存在差异。因此在进行环境调查时，一般首先要对桥梁各种可能视点进行调查分析，根据需求确定主要视点进行景观设计和评价。

3.2.5 应考虑不同人在不同视点，以及不同运动速度时的景观要求。远视点中，应重点关注总体景观设计和主体造型设计；近视点中，应重点关注构件造型设计和附属设施造型设计。

条文说明

不同人对景观设计的需求不同，如驾驶人员除有美观的需求外，还有视线通透、有利于驾驶的需求。

3.2.6 上承式拱桥、梁桥等桥型，应注意考虑梁底曲线、桥面以下构件的形态和比例等在远视点中的效果；中承式和下承式拱桥、斜拉桥、悬索桥等桥型，应注意考虑桥面以上的构件形态、比例等在近视点中的效果；连续长桥、立交桥等桥型，尚应注意上下部结构造型在远视点中的协调和统一。

条文说明

各种桥型的造型特点不同，突出其造型特点的主要视点也有所不同。上承式拱桥、梁桥等桥型，桥面以上结构和造型物较少，造型特征主要依靠梁底曲线和桥下构件反映。这些造型特征在通过桥梁时难以看到。因此，远视点效果是主要的考虑因素，主体造型也成为了造型的重点。而对于桥面以上有较多构件和较丰富造型物的桥型，通过桥梁时的效果是主要的考虑因素，因此需要重点关注近视点效果。

3.2.7 独立大桥或特大桥的主要视点可专门选定，应为远视点，宜选择在大桥接线或引桥附近，主要突出大桥主体造型确定的桥梁形态、构件间的比例等。

条文说明

主要视点中的景观效果是独立大桥或特大桥的景观设计的主要内容之一。远视点是突出大桥的整体造型效果的关键，大桥接线或引桥上是最为常用的主要远视点。

3.2.8 上跨主线的桥梁的主要视点应为动态视点，宜选择为主线上行驶车辆中的驾乘人员视点。在远视点中应突出连续、稳定的视觉效果；在近视点中应突出统一、均衡的效果。

条文说明

上跨主线的桥梁可见度很高，主线车辆经过时都会看到，因此需要主要从驾乘人员的角度，按通过时的特点，对其在远视点和近视点效果综合考虑。

3.3　总体景观设计

3.3.1 宜结合环境调查与分析的结果，选用造型元素、造型单元、桥梁形态。

3.3.2 造型元素和造型单元可自由创作获取，也可从自然、人文环境中抽象。

3.3.3 造型单元可按本规范附录A中的方法辅助创作。

3.3.4 造型单元表现出的形态宜明确、简单。

3.3.5 较长路线的公路桥梁宜考虑桥型特征，通过选择合适的造型元素、造型单元、构件形态等达到总体景观的协调。

3.3.6 同一视点的场景中有多座桥梁时，应考虑桥梁形态的协调。

3.3.7 应考虑主要视点环境遮挡导致的视觉效果改变。

条文说明

桥梁周围的建筑、树木、标识牌或其他构造物可能会对桥梁或构件产生遮挡，从而导致桥梁或构件形态的视觉效果改变。

3.3.8 应选择主要视点进行桥梁景观效果分析。

3.3.9 桥梁色彩宜综合考虑结构材质及所在自然或人文环境的景观需求。

条文说明

桥梁混凝土结构一般保留原色。桥梁钢结构的色彩需要综合考虑所在自然、人文环境及桥梁主体造型的景观需求。

3.4 主体造型设计

3.4.1 公路桥梁主体造型设计应符合下列规定：
1 选取协调的构件及构件间的尺度、比例及其空间位置。
2 使用和组合造型单元，达到视觉上的均衡、连续与稳定。

3.4.2 桥梁受力构件的空间位置确定，可单独或综合采用本规范附录 B 中的比例关系，按本规范附录 A 中的方法进行。

3.5 构件造型设计

3.5.1 构件造型设计宜使用由总体景观设计确定的造型元素或造型单元。

条文说明

通过造型单元、造型单元变形体或其组合，能够实现构件形态特征的协调。

3.5.2 构件造型宜体现受力特征。

3.5.3 可通过线形元素的运用表现合适的构件形态特征。

条文说明

线形元素是最基本的造型元素之一。线形元素及其组合直接构成面、体等。不同的线形元素及其组合将产生不同的视觉效果和心理感受，如稳定或轻巧、运动或静止、紧张或安静等。

3.5.4 构件造型应考虑其实施的技术难易程度，宜采用明确、简洁、精炼的形式。

3.5.5 构件造型应考虑可能的视觉错视。

条文说明

视觉错视是指视觉感受与客观存在不一致的现象，是形态要素在方向、位置、空间进行编排和组合后，可能产生与实际不符或奇特的视觉感受。造型设计中常见的视觉错视主要有长度错视 [图 3-1a)]、对比错视 [图 3-1b)]、角度错视、面积错视、透视错视、分割错视、位移错视、变形错视、翻转错视等。图 3-2 中桥梁利用长度错视得到较好的视觉效果。

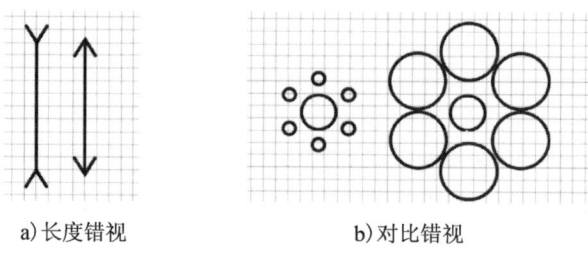

a) 长度错视　　　　b) 对比错视

图 3-1　视觉错视示例

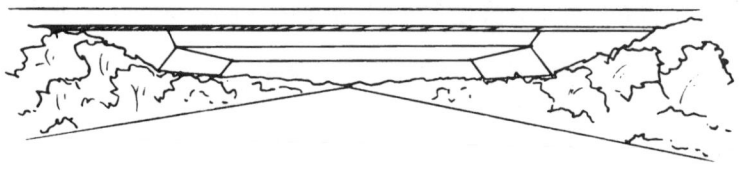

图 3-2　利用长度错视的示例

3.5.6　构件造型可采用形体造型法、拓扑造型法、内力图造型法及力线造型法等方法进行，见本规范附录 A。

3.6　附属设施造型设计

3.6.1　桥梁附属设施的形式、形态及空间布置宜与桥梁主体造型特征相协调。

3.7　景观设计评价

3.7.1　应在真实或接近真实的主要视点的场景中进行桥梁景观效果评价。

条文说明

在桥梁景观设计过程中需要在各个阶段对桥梁可能呈现的景观效果进行评价，评价的方式和方法一般根据桥梁的规模和景观设计需求选择。

为保证主要视点内的桥梁景观设计效果，需要进行有针对性的场景效果检验与评价。借助手绘效果图、计算机三维仿真效果图、动画或三维实体模型等手段，从视觉感受、桥梁自身及其与环境之间是否协调等方面进行检验。

4 梁桥

4.1 一般规定

4.1.1 梁桥上部结构的形态宜保持视觉上的连续性，上、下部结构之间宜保持视觉体量的均衡。

条文说明

梁桥上部结构视觉上的连续一般体现为造型元素的相同或相近。上、下部结构之间的均衡体现在上、下部结构造型间比例和尺度的协调。

4.1.2 梁桥宜根据桥梁形态特征，对主梁、桥墩等主体受力构件及其空间布置选用合适的造型设计方法，实现全桥造型的协调。

条文说明

主梁和桥墩是梁桥的主要造型体，其造型和空间布置是梁桥形态的主要体现。

4.2 主体造型

4.2.1 多跨梁桥在线形选择、分孔布跨时，宜考虑远视点中连续与均衡的视觉效果。

4.2.2 变梁高梁桥的边中跨比宜为 0.4~0.6，等梁高梁桥的边中跨比宜为 0.6~1.0。

条文说明

调研结果表明，梁桥的边中跨比例对于桥梁立面景观起着至关重要的作用，适当的边中跨比能带来良好的桥梁跨径比例，形成稳定与跨越感。

4.2.3 等梁高梁桥的墩高与跨径比不宜小于 0.2；当小于 0.2 时，宜减小梁体的视觉高度。

条文说明

当墩高与跨径比小于0.2时，桥下空间高度相对主梁跨径过小，主梁容易呈现为贴地效果，削弱主梁的跨越感。

4.2.4 多跨梁桥的墩高随地形变化时，宜选取与墩高比例相适宜的跨径布置，宜采用相同的梁体高度；当梁体高度有变化时，宜考虑不同梁高间的过渡。

条文说明

在特定环境下，例如山谷地形，桥梁的墩高可能随地形变化较大，桥梁的跨径也可能随之变化，保持相同的梁体高度能有效保证主梁线形的视觉流畅，如图4-1所示；理论上，跨径随墩高的增大而逐渐增大，所形成桥梁布跨的景观效果较好，如图4-2所示；在墩高较小的地方采用跨径较小的等高度梁，墩高较大的地方采用跨径较大的变高度梁，也能保证较好的景观效果，如图4-3所示。

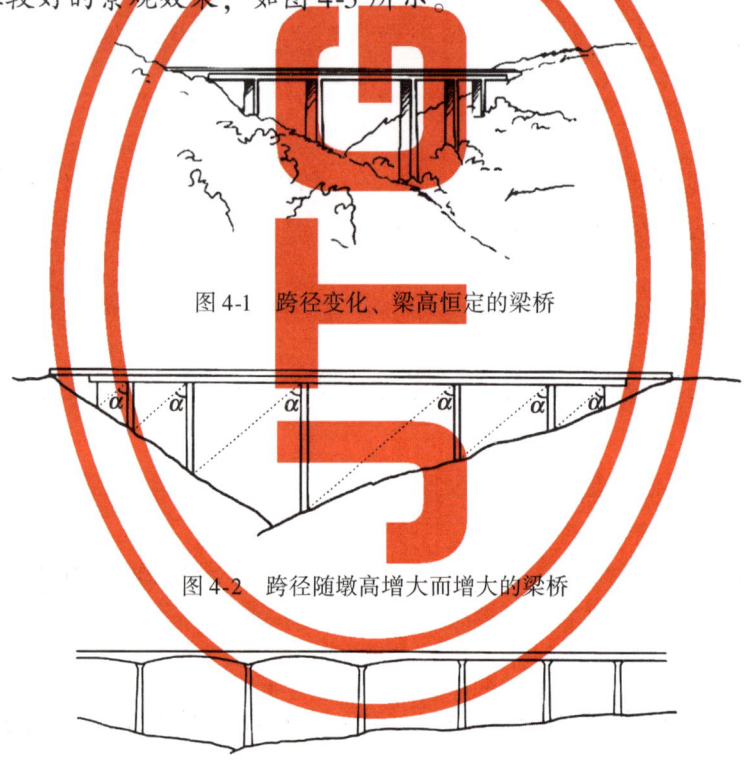

图 4-1　跨径变化、梁高恒定的梁桥

图 4-2　跨径随墩高增大而增大的梁桥

图 4-3　不同跨径间梁体高度过渡良好的梁桥

4.2.5 大跨度变梁高梁桥墩高较小时，应协调桥墩与梁体之间的尺度和比例。

条文说明

墩高较小的刚构桥，若桥墩造型处理不好，容易造成桥墩与梁体之间的体量失调，如图4-4a）所示。通过桥墩向主梁的延伸能够平衡桥墩与梁体间的视觉体量，如

图 4-4b)所示。

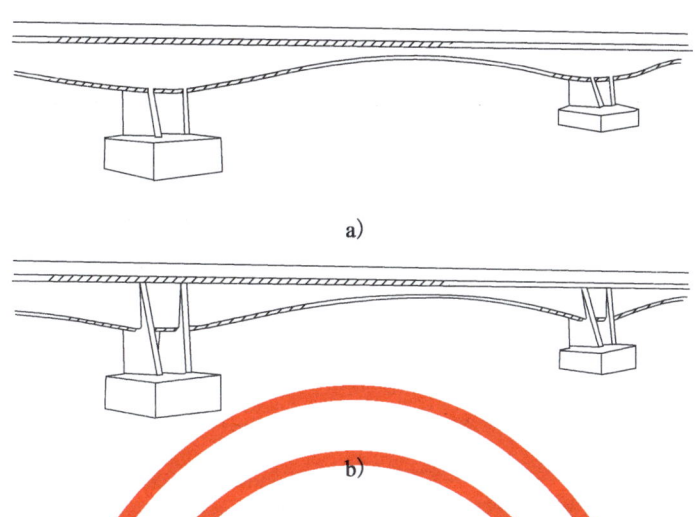

图 4-4 跨度较大且桥墩较矮的刚构桥示例

4.2.6 等截面梁桥的梁体高度不宜大于桥下空间高度的 1/4；当无法满足时，宜减小梁体的视觉高度。

4.3 主梁

4.3.1 在视觉安全的前提下，梁桥的梁体形态应力求简洁。

条文说明

梁桥主梁的造型表现力以纵向水平延伸为主，过厚的梁高或过多的竖直构造线条将直接影响主梁纵向水平延伸效果。在视觉安全的前提下，简洁的主梁能够充分展现梁桥纵向水平延伸效果。

4.3.2 等梁体高度简支或连续的梁桥应选用合适的跨径与梁体高度比例。

条文说明

当桥下空间高度一定时，梁桥的跨径与梁体高度的比值决定了桥梁的视觉纤细程度，该比值通常在 5～40 之间变化，设计时需要根据结构需要与经济指标进行选择。图 4-5 给出了通透护栏梁桥当跨径与主梁高度比不同时的景观效果示意；图 4-6 则给出了将图 4-5 中对应的通透护栏改为实体护栏时的景观效果示意。为方便操作，图中的比例采用的是主跨跨径与主梁高度的比值。

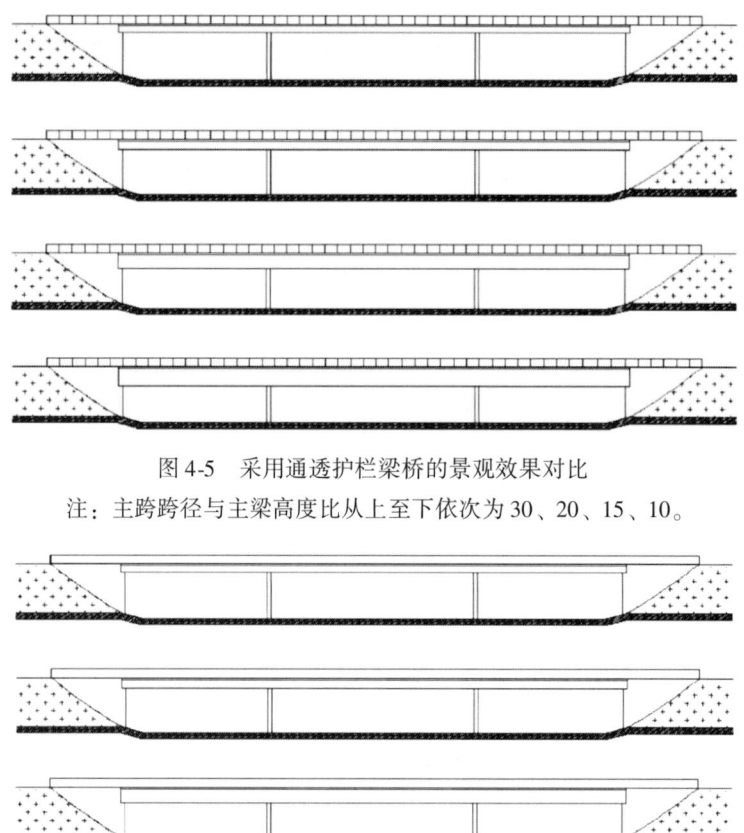

图 4-5 采用通透护栏梁桥的景观效果对比

注：主跨跨径与主梁高度比从上至下依次为 30、20、15、10。

图 4-6 采用实体护栏梁桥的景观效果对比

注：主跨跨径与主梁高度比从上至下依次为 30、20、15、10。

4.3.3 多跨变梁高的梁桥的墩顶梁高与跨中梁高之比宜为 1.3~2.5。

条文说明

等梁高与变梁高的梁桥心理感受不同。变梁高的梁桥增加了主梁高度上的变化，呈现出跳跃感。不同的主梁形状表现出的紧张感与动感也不同，随之而产生的形态感情也就各不相同。图 4-7 给出了墩顶与跨中梁高比值变化时的视觉效果对比，如图 4-7a) 所示视觉效果相对较好。

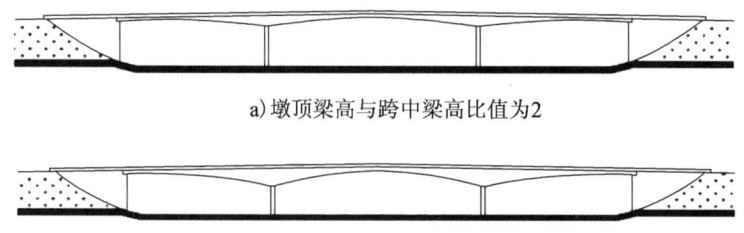

a) 墩顶梁高与跨中梁高比值为 2

b) 墩顶梁高与跨中梁高比值为 4

图 4-7 墩顶与跨中梁高比值变化时的视觉效果对比

4.3.4 当需要减小梁体视觉高度时，主梁外侧面与底面间可采用切角或弧形过渡。

4.3.5 采用小跨径直线主梁代替弯梁时，宜减小梁底的弯折感。

4.4 桥墩

4.4.1 主、引桥桥墩宜采用相同或相近的造型单元。

条文说明

如图 4-8 所示的某桥桥墩采用了从桥塔中提取的造型单元，达到了整体景观效果的协调。

图 4-8 采用相同造型单元桥墩的桥梁景观效果示意

4.4.2 等梁高梁桥的桥墩顺桥向宽度与梁体高度的比值应符合下列规定：
1 采用实体护栏时宜为 1/4~1/2，如图 4.4.2a) 所示。
2 采用通透护栏时宜为 1/2~2/3，如图 4.4.2b) 所示。

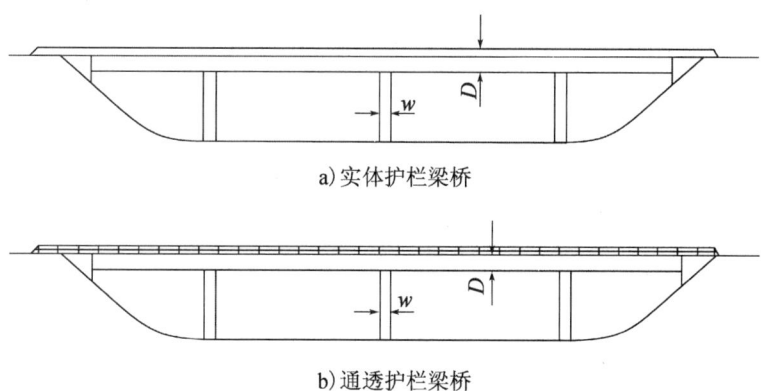

a) 实体护栏梁桥

b) 通透护栏梁桥

图 4.4.2 桥墩宽度适宜范围示意
D-梁体高度；w-桥墩顺桥向宽度

4.4.3 T 形桥墩应符合下列规定：
1 对如图 4.4.3-1 所示的 T 形墩，悬臂根部高度 T 不宜小于墩柱顺桥向宽度 w；墩柱横桥向宽度 b 宜为墩顶横桥向宽度 B 的 1/4；悬臂端部高度 t 宜为悬臂根部高度 T 的 1/2。

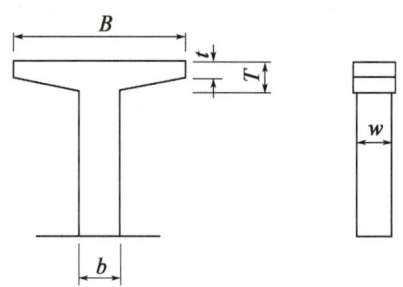

图 4.4.3-1　T形墩尺寸示意

B-墩顶横桥向宽度；b-墩柱横桥向宽度；w-墩柱顺桥向宽度；T-悬臂根部高度；t-悬臂端部高度

2　对如图 4.4.3-2 所示的双 T 形墩，墩柱横桥向宽度 b 宜为墩顶横桥向宽度 B 的 1/10，内悬臂根部与内悬臂连接部位的高差 t' 宜为悬臂根部高度 T 的 1/4；当上部主梁数目为偶数时，墩顶外侧悬臂长度 X 宜为 $1/5B$，当上部主梁数目为奇数时，X 宜为 $1/4B$。

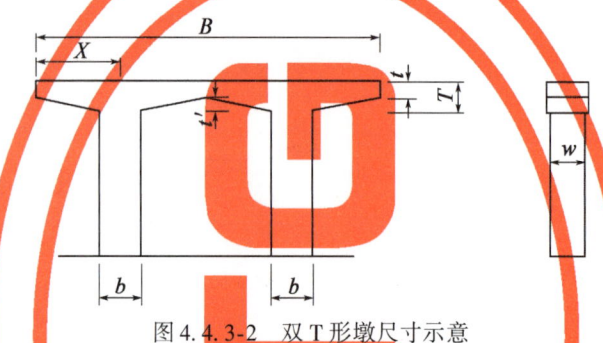

图 4.4.3-2　双 T 形墩尺寸示意

B-墩顶横桥向宽度；X-墩顶外侧悬臂长度；b-墩柱横桥向宽度；w-墩柱顺桥向宽度；T-悬臂根部高度；t-悬臂端部高度；t'-内悬臂根部与内悬臂连接部位的高差

4.4.4　柱式墩的盖梁长度大于桥墩高度时［图 4.4.4a）］，宜控制墩柱数量或采用通透性较好的墩型；柱式墩的盖梁长度小于桥墩高度时［图 4.4.4b）］，宜适当增加墩身下部尺寸。

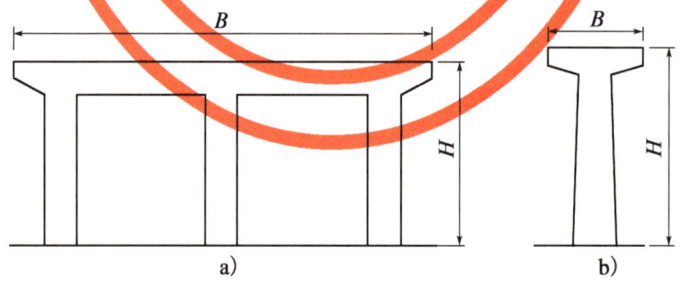

图 4.4.4　盖梁长度与桥墩高度不同比例示意

B-桥墩盖梁长度；H-桥墩高度

4.4.5　板式桥墩顶端宽度大于墩身的高度时，宜适当减小墩身下部尺寸或对其进行透空处理；墩顶端宽度小于墩身的高度时，宜适当增加墩身下部尺寸。

4.4.6　桥墩较粗或较宽时，在考虑与梁体形态协调的基础上，可采用倒角或刻槽等方式进行视觉上的体量削减。

条文说明

如图 4-9 所示，桥墩表面倒角和刻槽的处理方式削减了桥墩的视觉体量，并与梁体形态获得了较好的协调效果。

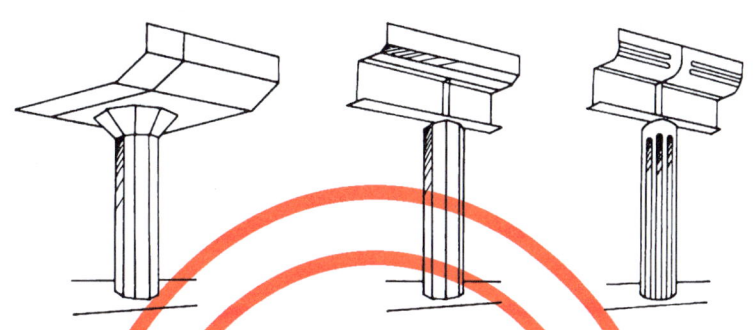

图 4-9　桥墩视觉体量削减示意

4.4.7　为达到桥墩与主梁间视觉体量的均衡，刚构桥的桥墩应符合下列规定：
1　与主梁相交接位置的横桥向桥墩宽度不宜小于主梁宽度。
2　当跨度较大且桥墩高度较小时，可适当加大墩身下部尺寸。

条文说明

当刚构桥墩顶位置的桥墩宽度小于梁体宽度时，易形成支撑不良的心理感受。对于跨度较大且桥墩较矮的刚构桥，适当扩大桥墩横桥向体量可以使墩、梁尺度达到良好的视觉平衡。

4.5　桥台、承台

4.5.1　梁桥的桥台造型设计宜综合考虑主梁跨度、梁体高度、桥墩形态和桥下空间高度等因素，达到总体视觉效果的协调。

4.5.2　桥台造型应符合下列规定：
1　对露出地面较少的桥台（图 4.5.2），其在主梁支座位置的最低桥台外露高度不

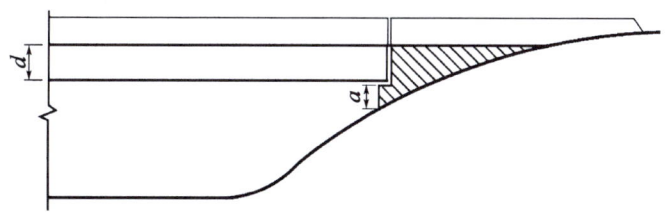

图 4.5.2　露出地面较少的桥台适宜尺寸示意

a-桥台外露高度；d-主梁高度

宜小于主梁高度的1/2，即 $a \geq 0.5d$。

2 对露出地面较多的桥台，宜削减桥台的视觉体量。

条文说明

1 外露高度较小的桥台视觉体量较小，对主梁的水平连续感影响也较小。主梁高度较小的小跨径桥梁，采用这种桥台较容易达到主梁高度与桥台尺度上的协调。为了表现出桥台对主梁的承托感，桥台于主梁底部最低高度不宜小于主梁梁体高度的一半，过矮的桥台将导致台间的体量失调。

2 外露高度较大的桥台视觉体量较大，容易引起与其他构件间的尺度失调，影响桥梁景观效果。运用线条或特殊材质对面积较大的桥台进行处理，使体量较大的桥台从视觉上分割为若干部分，有效减轻视觉体量，如图4-10、图4-11所示。

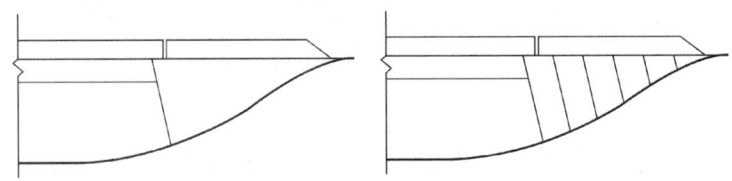

图4-10 桥台体量削减对比示意

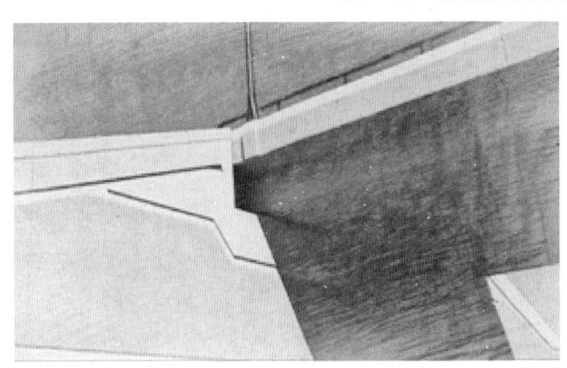 

a) 线面分割处理　　　　　　　　b) 材质处理

图4-11 弱化桥台体量示例

4.5.3 桥台支座位置的构造应符合下列规定：

1 外露高度较小的桥台，宜在支座位置两侧设置支座遮挡板。

2 不设支座遮挡板时，支座位置顺桥向宽度 w 不宜小于主梁高度的1/2，即 $w \geq 0.5d$，如图4.5.3所示。

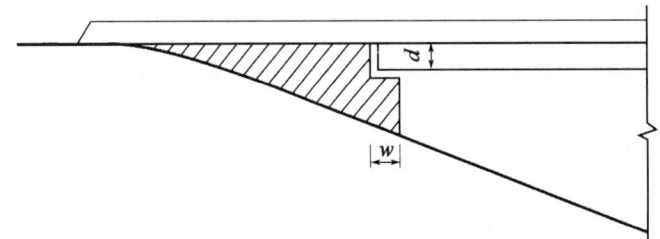

图4.5.3 台座宽度的适宜尺寸示意

w-支座位置桥台顺桥向宽度；d-主梁高度

条文说明

桥台支座位置细节设计需要根据桥梁主体结构的造型需求选择是否设置支座遮挡板。设置遮挡板可以弱化桥台、主梁、支座三者的关系，桥台视觉高度也相应增加。较低的桥台设置支座遮挡板后，更能体现桥台的完整性。图 4-12 中 a) 和 b) 分别给出了设置和不设置支座遮挡板的景观效果对比。

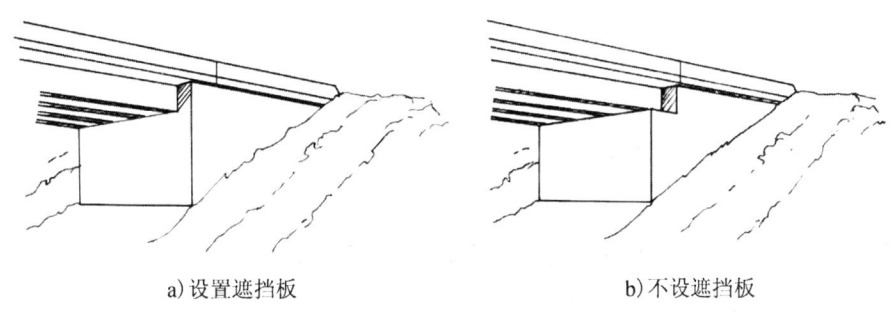

a) 设置遮挡板　　　　　　　b) 不设遮挡板

图 4-12　桥台支座挡板设置景观效果对比示意

4.5.4　承台形态宜与桥墩造型整体考虑，并保持体量的协调。

条文说明

采用与桥墩相同造型单元的承台可以与桥墩形体相呼应，有利于获取墩、台造型统一的整体景观效果，如图 4-13 所示。承台体量以不产生沉重感和阻碍感为佳。

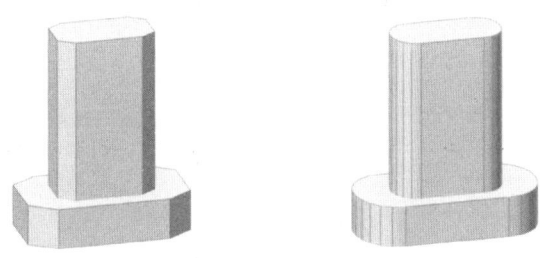

图 4-13　造型呼应的墩、台示意

5 拱桥

5.1 一般规定

5.1.1 拱桥的形态应与桥梁所处环境协调。

5.1.2 拱桥形态宜综合考虑跨度、主拱形态、桥面位置、桥下空间高度、梁体高度和桥墩形态等，达到总体视觉效果的协调。

5.2 主体造型

5.2.1 拱、梁、墩、吊杆、风撑等构件的造型应注意造型单元的选用、拱的跨度、梁体高度、桥下空间高度及其视觉效果的组合。

5.2.2 拱桥的矢跨比、边中跨比应考虑主要视点处的视觉稳定、均衡与连续，立面空间布置可采用比例图解法和特征矩形法，见本规范附录A。

条文说明

图5-1给出了某拱桥采用比例图解法进行立面空间布置的示例。

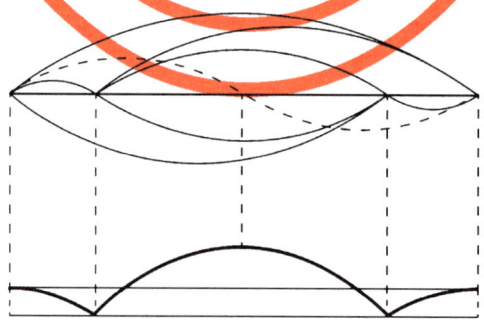

图5-1 某拱桥采用比例图解法进行立面空间布置示例

5.2.3 拱桥宜选择适合的矢跨比，达到稳定感与跨越感间的平衡。

条文说明

矢跨比的大小是拱桥景观表现力的重要因素之一，矢跨比较大的拱桥，显得较为稳定；随着矢跨比减小，拱桥显现的稳定感减少，跨越感增强。根据地形条件进行拱桥矢跨比的选择一般会达到良好的桥梁景观效果，如图5-2所示。

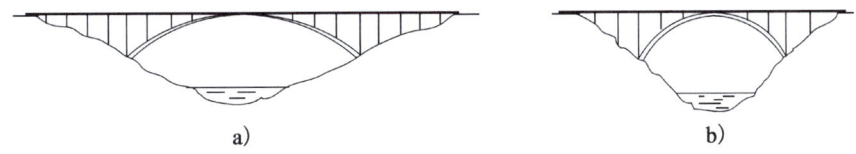

图5-2　矢跨比与地形条件匹配良好的拱桥示意

矢跨比范围一般为1/12～1/2，不同矢跨比的拱桥展现出的稳定感与跨越感不同，如图5-3所示。适宜的矢跨比能够取得拱桥稳定感与跨越感间的平衡。

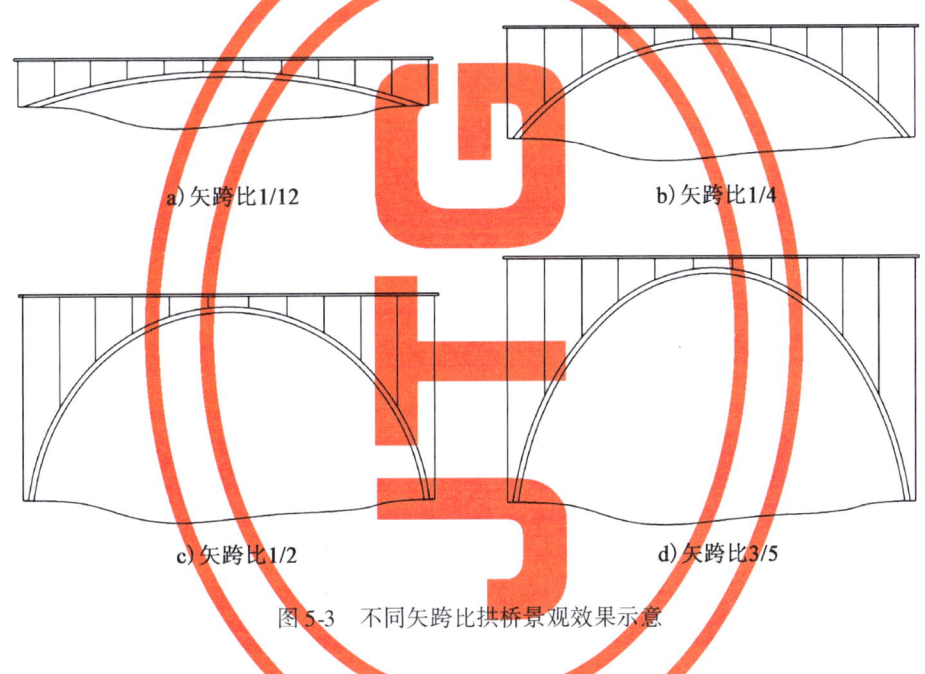

图5-3　不同矢跨比拱桥景观效果示意

5.2.4　拱桥桥面位置与拱顶高度的关系应符合下列规定：

1　对上承式拱桥，拱顶的拱上建筑宜选取与矢高相适合的高度，并保证主拱形态的完整性。

2　对中承式拱桥，桥面宜选取在对主拱分割比例合适的位置。

3　对下承式拱桥，矢高与桥下空间高度宜选取合适的比例。

条文说明

拱桥桥面高度与主拱矢高的比例是拱桥主体造型立面布置中的重要内容。拱桥体现的景观效果以稳定为主，与拱桥曲线形态产生的跨越感保持一致，避免沉重或不稳定的景观效果，同时桥面高度、桥下空间高度、主拱矢高等参数间要求符合一定比例关系，如黄金分割比例。

对上承式拱桥，过高、过重的拱上建筑配以矢高较小的主拱，会影响跨越感。图 5-4 给出了不同拱上建筑布置的景观效果。

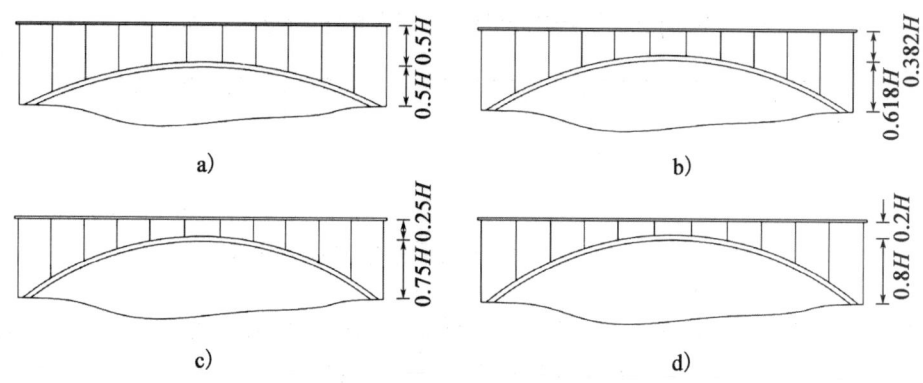

图 5-4　矢高与拱脚至桥面高度不同比例示意
H-拱脚至桥面高度

对中承式拱桥，桥面位置影响整体景观效果。一般将桥面设置于主拱矢高的上、下黄金分割点位置，如图 5-5 所示。

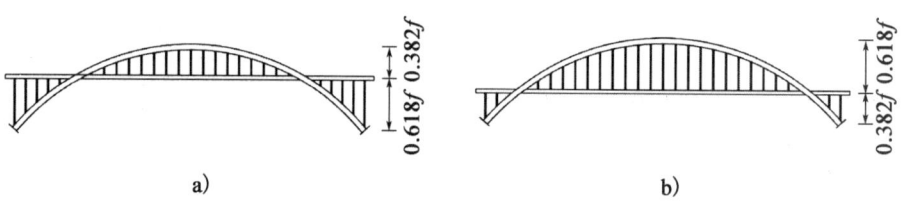

图 5-5　中承式拱桥桥面位置与主拱矢高比例示意
f-主拱矢高

对下承式拱桥，桥下空间高度与主拱矢高的比例对主体造型影响较为明显。桥下空间高度与主拱矢高的比例采用黄金分割比例范围，一般能获得良好的拱桥主体造型景观效果，如图 5-6a)、b)、c) 所示；当桥下空间高度与主拱高度的比例过大时，需要注意拱桥主体造型的视觉不稳定，如图 5-6d) 所示。

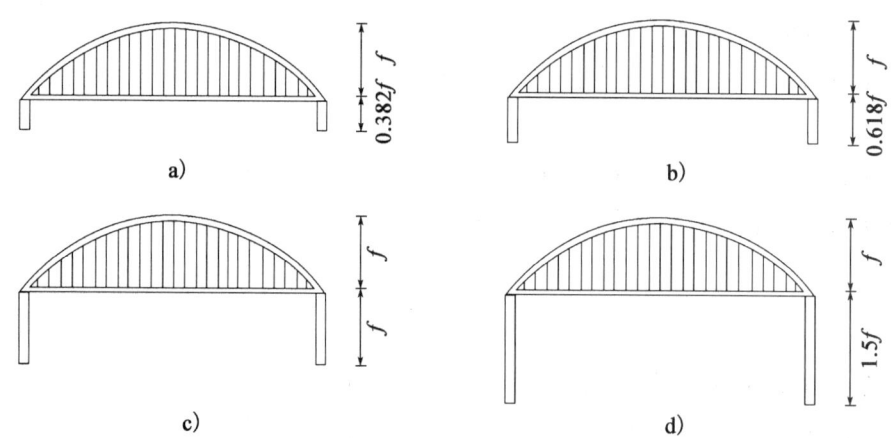

图 5-6　下承式拱桥不同矢高与桥下空间高度比例的景观效果示意

5.3 主拱

5.3.1 主拱形态的确定可考虑桥梁所在地自然与人文环境需求。

5.3.2 中、下承式拱桥桥面以上主拱高度大于主拱间桥面宽度时，宜选用形态合适的提篮拱或带风撑的平行主拱；不大于主拱间桥面宽度时，宜选用形态合适的独肋式或不带风撑的主拱。

条文说明

桥面以上主拱高度大于桥面宽度时，选用提篮拱或带风撑的平行主拱体系，能够在视觉稳定感和均衡感中取得良好平衡，如图5-7a)和b)所示。无横向联系的主拱要注意主拱的形态，避免出现不稳定感，如图5-8所示。

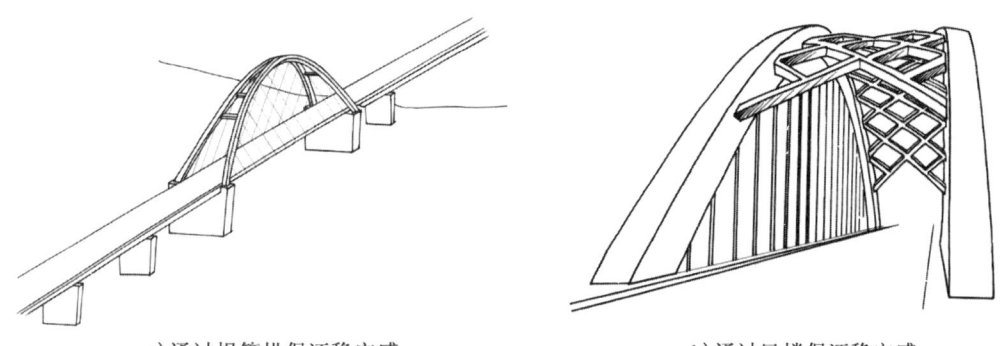

a) 通过提篮拱保证稳定感　　　　b) 通过风撑保证稳定感

图5-7　视觉稳定感良好的示例

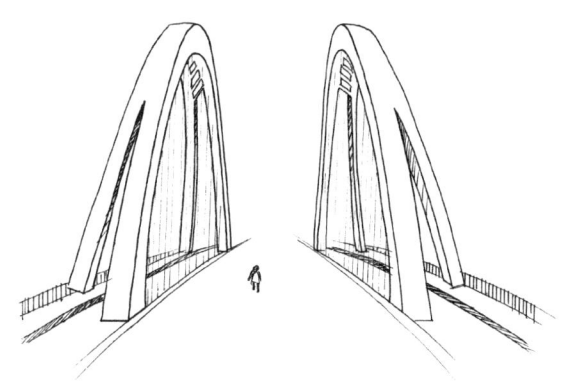

图5-8　桥面较窄的无横撑拱桥示例

5.3.3 多跨拱桥宜保持主拱的视觉连续性。

条文说明

如图5-9所示，拱脚支点位置不同会削弱拱桥的视觉连续性，破坏均衡，带来视觉不连续。

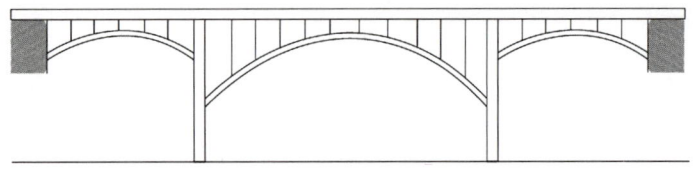

图 5-9　拱脚支点位置不同的拱桥景观示意

5.3.4 多跨拱桥可采用等差或等比序列进行孔跨布置。

条文说明

以某种序列或比例进行多跨拱桥的主拱矢跨比设计易获取良好的拱桥韵律感，如图 5-10 所示。

图 5-10　按比序列布置的多跨拱桥示例

5.4　拱梁间联系

5.4.1 拱梁间联系应符合下列规定：
1　上承式拱桥宜根据拱上建筑的通透和视觉安全要求，选用合适的拱上立柱尺度及空间布置。
2　中、下承式拱桥宜根据吊杆（索）远、中视点的可视性需求，选用合适的吊杆（索）色彩或尺度。

条文说明

上承式拱桥的拱上立柱布置过于密集，可能形成一定的视觉阻碍，削弱桥梁的景观表现；合适的拱上立柱尺度和空间布置能够形成较好的韵律感和通透感，过细的拱上立柱则易产生视觉不安全。

对中、下承式拱桥的吊杆（索）在远、中视点有可视性要求时，能够通过合适的色彩选择达到吊杆（索）的视觉消隐或呈现。

5.5　主梁、横梁

5.5.1 拱桥的主梁应符合下列规定：
1　梁体高度宜选用与主拱尺度相协调的比例。
2　主、引桥梁体高度差异较大时，宜进行过渡处理。
3　主、引桥梁体色彩宜协调。

5.5.2 横梁视觉高度宜与拱桥整体形态协调。

5.6 拱座、桥墩、桥台

5.6.1 拱座、桥墩、桥台形态选择宜综合考虑主拱形态、梁体形态、桥下空间高度等因素，达到总体视觉效果的协调。

5.6.2 下承式拱桥桥墩体量宜与主拱体量相协调。

条文说明

图 5-11 中所示的下承式拱桥桥墩体量与上部结构体量相比偏小，导致视觉不安全。

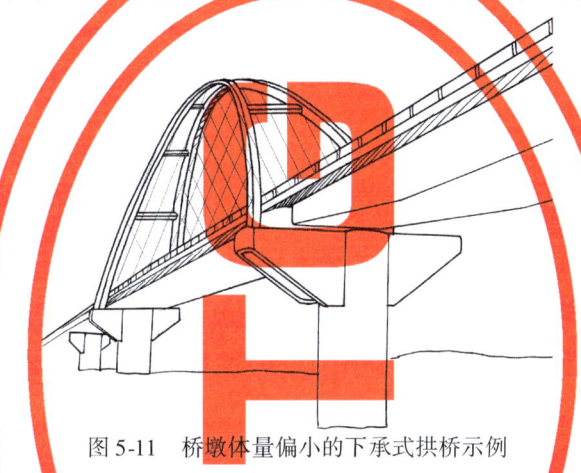

图 5-11　桥墩体量偏小的下承式拱桥示例

5.6.3 主、引桥桥墩宜采用相同或相近的造型单元。

条文说明

图 5-12 中的某下承式拱桥主、引桥桥墩采用了相近的造型单元，形态统一的墩型实现了良好的主、引桥过渡。

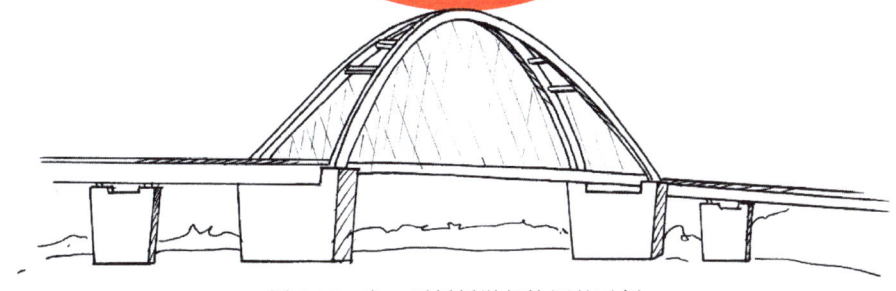

图 5-12　主、引桥桥墩相协调的示例

6 缆索承重桥梁

6.1 一般规定

6.1.1 缆索承重桥梁的形态应与桥梁所处环境协调。

6.1.2 缆索承重桥梁的形态宜综合考虑桥塔、跨度、桥下空间高度、梁体等因素，达到总体视觉效果的协调。

6.1.3 缆索承重桥梁的主、引桥宜在桥梁及构件形态上相协调。

6.2 主体造型

6.2.1 桥塔、桥墩及锚碇等构件宜选用相同或相近的造型元素。

条文说明

图6-1中的悬索桥桥塔、锚碇及引桥桥墩都采用了板式造型元素，获得了全桥协调的景观效果。

图6-1 悬索桥桥塔、锚碇与引桥桥墩造型示例

6.2.2 缆索承重桥梁的主梁线形应与桥梁整体景观需求相协调，大跨径缆索承重桥梁的主梁线形形态宜体现视觉安全和跨越感。

6.2.3 缆索承重桥梁的立面空间布置可采用比例图解法和特征矩形法,见本规范附录 A。

条文说明

图 6-2 给出了某不对称孔跨布置的斜拉桥采用黄金分割比例进行立面空间布置的示例,其中的桥塔对主梁分跨点位置以及拉索对桥塔和主梁分节点位置的确定,都基本符合黄金分割比例。图 6-3 为某多塔斜拉桥采用比例图解法进行立面空间布置的示例。

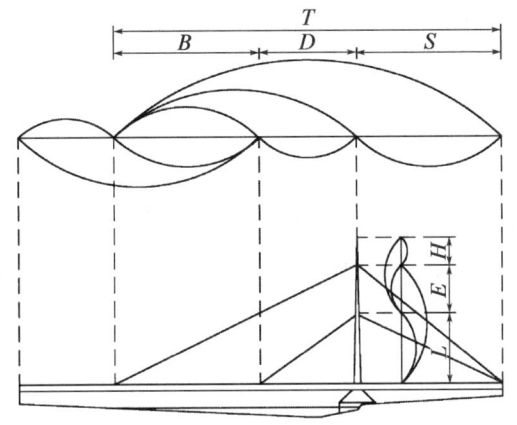

图 6-2 黄金分割比例在桥梁空间布置中的应用示例
图中:$S = B$,$(B + D)/T = B/(B + D)$
$= E/(H + E) \approx 0.618$

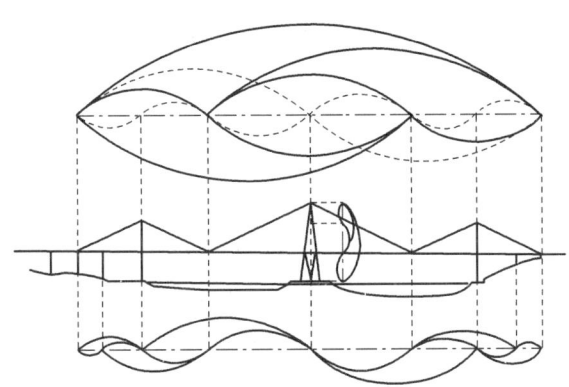

图 6-3 某多塔斜拉桥立面空间布置的比例图解法示例

6.2.4 悬索桥的矢跨比、边中跨比应考虑主要视点处的视觉均衡、稳定与连续。

6.2.5 悬索桥的桥面宜布置在塔柱高度的黄金分割点附近,不宜低于塔柱高度的 1/5,也不宜高于塔柱高度的 1/2。

条文说明

悬索桥主梁与主缆在主桥两端、中央近似交汇,主梁在形式上表现为主缆的视觉转动轴。因此,悬索桥桥面位置对桥梁整体视觉感受影响较大。图 6-4 为悬索桥不同桥面位置景观效果的对比。

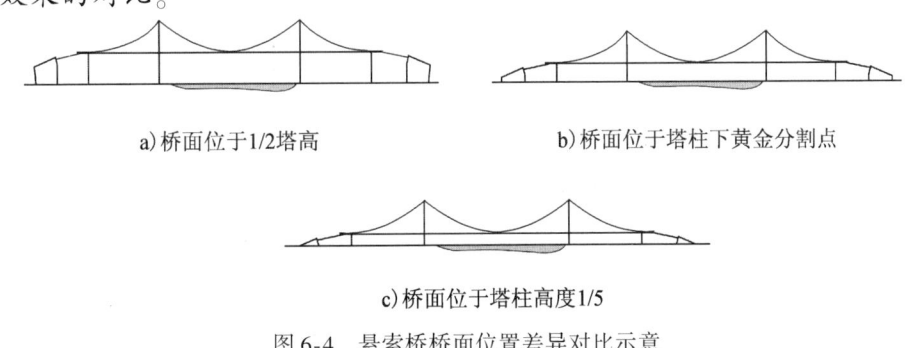

图 6-4 悬索桥桥面位置差异对比示意

6.2.6 斜拉桥的桥面位置应符合下列规定：

1 桥面位置不宜低于塔柱高度的 1/5。

2 桥面位置低于塔柱高度的 1/5 时，桥塔宜采用在主梁位置处的视觉不连续的造型。

3 桥面位置高于塔柱高度的 1/2 时，宜减小桥面以下的桥塔视觉高度。

6.3 桥塔

6.3.1 桥塔形态可通过桥址自然与人文环境的分析采用合适的造型元素，也可通过本规范附录 A 所列的造型方法得到。

条文说明

桥塔是缆索承重桥梁的视觉重心，其造型表现对全桥景观产生直接影响，选用与桥址自然与人文环境需求相协调的桥塔形态，能够获得良好的桥梁景观。造型元素的获取是一个自由的创作过程，通过桥址自然与人文环境的分析，能获得适宜的桥塔造型元素。一般而言，桥塔体现为简单的几何形状。采用本规范附录 A 中所列的造型方法也可以获得适宜的塔型。

6.3.2 桥塔造型宜选用流畅的线形元素及其构成。

条文说明

选用流畅的线形元素及其构成得到的桥塔造型，可以得到良好的景观效果。图 6-5 给出了部分典型桥梁的桥塔示例。

图 6-5 部分典型桥梁的桥塔示例

6.3.3 组成桥塔的构件及其空间位置宜按本规范附录 B 中所列的比例选用。

条文说明

桥塔总体形态确定后，需要采用本细则附录 B 中所列的比例对桥塔塔柱、横梁等构件及其空间位置进行校核与调整。自身符合比例的桥塔构件易获得良好的景观效果。

6.3.4 图 6.3.4 所示的 H 形桥塔应符合下列规定：

1 当桥面以上桥塔高度小于主梁位置处的桥塔净宽，即 $h<B$ 时，不宜设置上横梁。

2 当桥面以上桥塔高度为 1～3 倍主梁位置处的桥塔净宽，即 $B \leq h \leq 3B$ 时，可根据需要设置视觉体量较小的上横梁。

3 当桥面以上桥塔高度大于 3 倍主梁位置处的桥塔净宽，即 $h>3B$ 时，可根据需要设置视觉体量较大的上横梁。

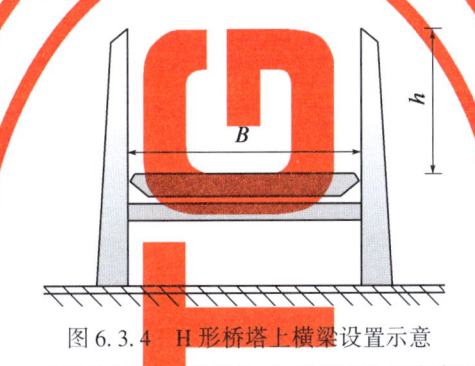

图 6.3.4 H 形桥塔上横梁设置示意
B-主梁位置处桥塔净宽；h-桥面以上桥塔高度

6.3.5 空间双索面斜拉桥宜选用适当的塔柱造型消除塔柱与拉索间形成的视觉错视。

条文说明

辐射布置的拉索对塔柱竖向线条存在视觉错视影响，导致上部塔柱视觉尺度扩大，如图 6-6 所示。一般采用变化上部塔柱宽度的方式改善。

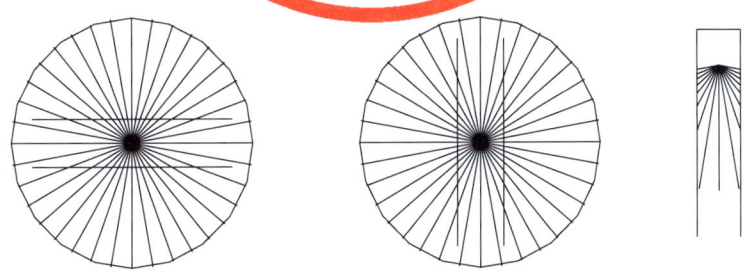

图 6-6 辐射线对平行线的视觉错视现象示意

6.3.6 悬索桥鞍座及鞍罩应符合下列规定：

1 鞍座及鞍罩尺寸不宜大于塔柱尺寸。

2 鞍座及鞍罩色彩宜与主塔色彩相协调。

6.4 主梁

6.4.1 主、引桥主梁之间宜保持视觉连续。当主、引桥梁体外形差异较大时，宜进行过渡处理。

条文说明

主、引桥梁体采用不同的结构类型时，梁体外形可能存在较大差异，导致梁体视觉延续性的中断。采用适当方法能获得主、引桥梁体之间纵向视觉连续或良好过渡。

6.5 缆索

6.5.1 斜拉桥尾索区索距纵向布置宜考虑渐变延续的景观效果，间距不宜相差过大，必要时可设置过渡段。

条文说明

在斜拉桥辅助墩和过渡墩之间往往存在一段密索锚固区。该区域拉索在梁体上的锚固间距小于主梁其他区域，如不设置锚固区过渡段，易使拉索布置形成的韵律产生跳跃。设置锚固区过渡段则能使拉索布置形成渐变延续的韵律。

6.6 桥墩、锚碇

6.6.1 斜拉桥辅助墩宜采用与主塔相同或相近的造型单元。

条文说明

桥塔是缆索承重桥梁视觉的焦点，辅助墩造型往往从桥塔造型中提取造型单元。图6-7中为某斜拉桥的辅助墩造型采用了从桥塔下部提取的造型单元示例。

图6-7 塔、墩造型协调效果示例

6.6.2 引桥桥墩宜选用与主塔相同或相近的造型单元，或在主、引桥间采用部分过渡墩型。

条文说明

引桥桥墩的造型采用从桥塔中提取的造型单元，或在主、引桥间采用过渡墩进行形态过渡，能较好地保持主、引桥间良好的视觉连续性，达到主、引桥间的协调，如图6-8所示。

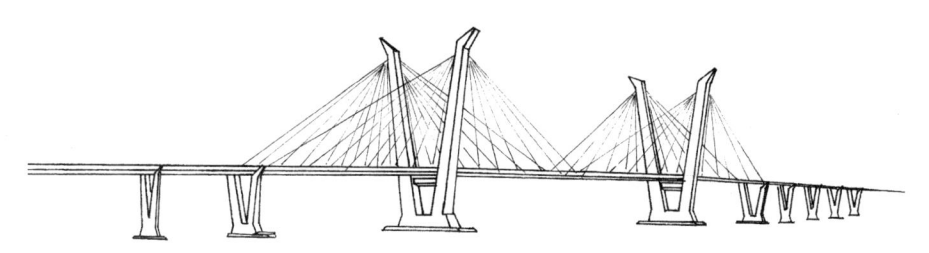

图6-8 塔、墩造型协调效果示例

6.6.3 当锚碇视觉体量过大时，宜采取视觉体量弱化措施。

条文说明

图6-9所示的锚碇对外表面进行了刻槽处理，弱化了锚碇的视觉体量。

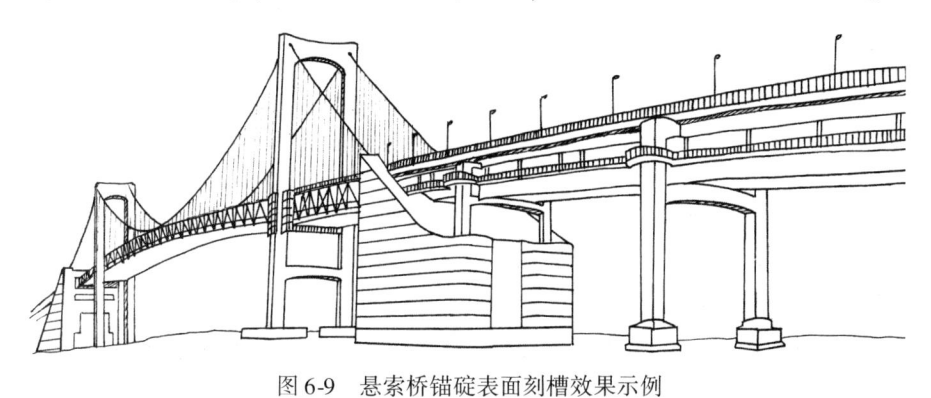

图6-9 悬索桥锚碇表面刻槽效果示例

7 跨线桥

7.1 一般规定

7.1.1 跨线桥宜结合所跨线路特征及其自然与人文环境，选用合适的造型元素与造型方法，达到所跨线路上跨线桥的变化与统一。

条文说明

公路跨线桥所跨线路可能为公路、铁路、城市道路等，在满足所跨线路通行要求的前提下，跨线桥景观主要体现为桥梁形态与环境的关系，以及如何呈现所跨线路上跨线桥变化与统一的特征。

7.1.2 跨线桥的形态应考虑桥下驾乘人员及行人的动、静视点特征，不应影响所跨线路的通行感。

条文说明

随着车速的增加，驾乘人员的视野会缩小，注视点将前移，空间识别范围减小。汽车驾驶员的视野随车速变化如图7-1、图7-2所示。随着视野范围的缩小，道路中视觉刺激物的刺激量将相对增大，从而可能增加驾驶员的错误反应。根据驾驶员的这种动态行车特征，位于驾乘人员视野范围内的跨线桥的形态以不引起不适感为佳。

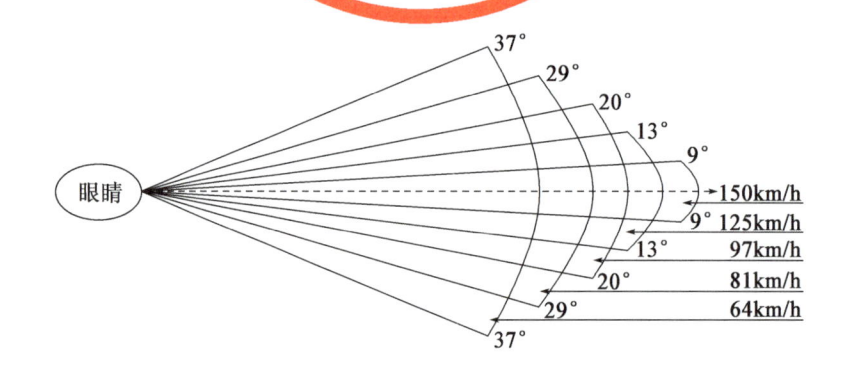

图7-1 视野随车速增加的变化值

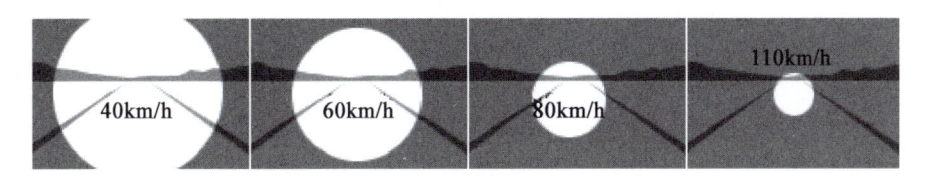

图 7-2 视野范围随车速变化示意

7.1.3 跨线桥不宜布置在所跨线路竖向凹曲线的最低点及其附近位置。

条文说明

位于下方公路平直路段与下坡路段的跨线桥，所跨公路驾乘人员的前进方向视线位置低于跨线桥桥面位置，跨线桥的净空得以呈现，如图 7-3 a)、b) 所示；位于下方公路竖向凹曲线最低点位置或之后上坡路段的跨线桥，下方公路驾乘人员的正前方视线高于跨线桥桥面位置，由于透视关系，跨线桥的净空较难呈现，零视觉净空现象由此产生，如图 7-3 c)、d) 所示。对于图 7-3 c)，位于下方公路竖向凹曲线最低点位置的跨线桥，这种零视觉净空现象在车辆到达跨线桥位置之前无法消除，容易引起驾乘人员心理焦虑；对于图 7-3 d)，位于下方公路竖向凹曲线最低点之后上坡路段的跨线桥，在车辆经过竖向凹曲线位置后，这种现象即消失。

a) 布置于平直路面　　　　b) 布置于竖向凹曲线最低点位置之前

c) 布置于竖向凹曲线最低点位置　　　　d) 布置于竖向凹曲线最低点之后

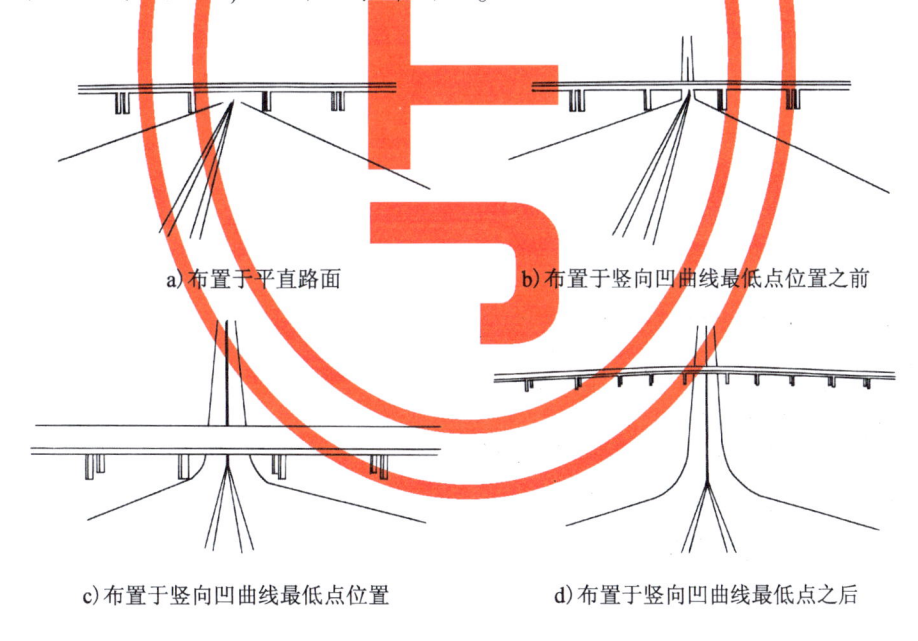

图 7-3 视觉净空现象对比示意

7.2 主体造型

7.2.1 跨线桥的桥墩（台）轴线布置应考虑对行车的视觉导向，宜沿所跨线路的行车主方向布置。

7.2.2 布置在所跨线路中央位置的桥墩不宜选用视觉体量过大的造型。

条文说明

跨线桥桥墩视觉体量过大时易导致所跨线路上的视觉阻塞，可能影响行车。

7.2.3 跨线桥桥台的视觉体量宜与梁体视觉体量相协调。

条文说明

跨线桥桥台的视觉体量与梁体视觉体量的比例协调程度，一定程度上可以影响跨线桥的景观效果。图7-4a)中的桥台视觉体量过大，图7-4b)中的桥台视觉体量较为合适。

图7-4 不同视觉体量桥台的跨线桥景观效果对比

7.2.4 当跨线桥坡度大于4%时，跨线桥两端桥台外露高度与所跨线路两侧路缘石位置的桥下空间高度比宜相近，即 $a_l/c_l \approx a_r/c_r$，如图7.2.4所示。

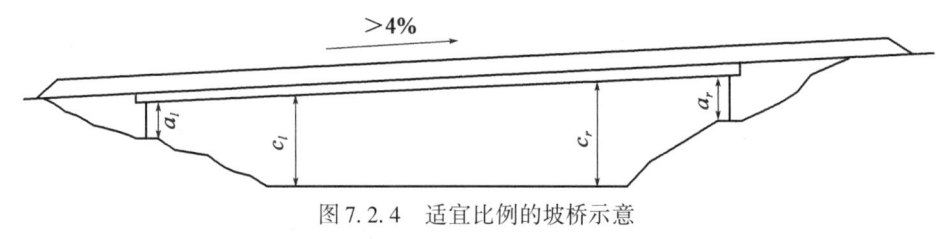

图7.2.4 适宜比例的坡桥示意

a_l、a_r-两端桥台外露高度；c_l、c_r-两侧路缘石位置桥下空间高度

条文说明

当坡度较大时，若跨线桥两侧桥台外露高度相同，则从视觉上加大了坡度感，如图7-5a)所示。若适当地调整桥台外露高度，使两端桥台外露高度与所跨路线两侧路缘石位置的桥下空间高度比相近，可得到较好的景观效果，如图7-5b)所示。

a) 桥台外露高度相等　　　　b) 桥台外露高度不等

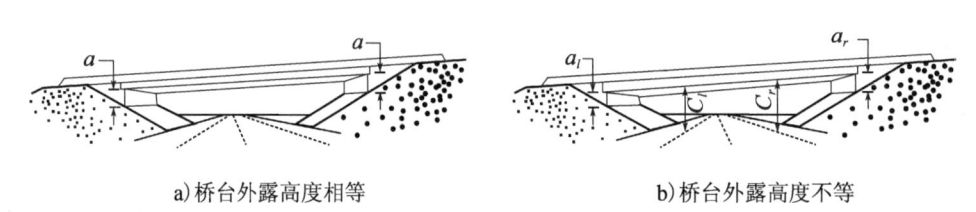

图7-5 不同桥台外露高度的跨线坡桥景观对比示意

7.2.5 当坡度大于4%的多跨跨线桥不等跨径布置时，宜采用相同的梁体高度。

7.2.6 跨线的弯桥或与所跨线路斜交的斜桥，其墩（台）的轴线与所跨线路的行车主方向交角不宜大于5°；当交角大于5°时，应保证正确的行车视觉导向。

条文说明

弯桥或斜桥跨越线路时，若墩（台）轴线与所跨线路的行车主方向交角过大，可能会混淆桥下行车的前进方向，造成不良视觉导向。

7.2.7 跨线的斜桥和弯桥的桥墩应符合下列规定：
1 不宜采用体量过大的板式墩型。
2 宜控制墩柱数量及间距，以桥墩墩柱外侧在所跨线路方向上的投影宽度 w 不大于所跨线路两侧墩柱内侧投影宽度 W 的1/2为宜，如图7.2.7所示。

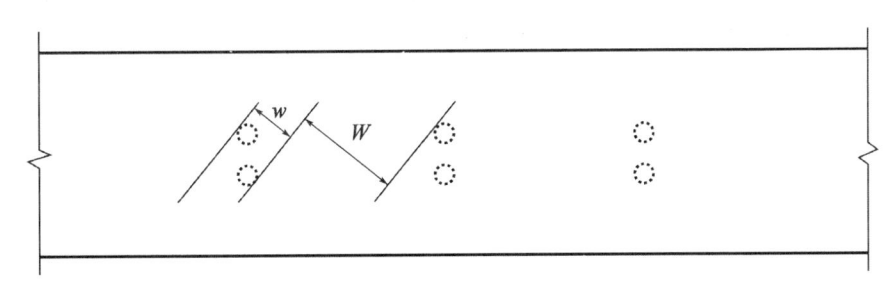

图 7.2.7　跨线桥墩柱布置与所跨斜交线路示意
W-所跨线路两侧墩柱内侧投影宽度；w-墩柱外侧在所跨线路方向上的投影宽度

7.2.8 跨线的宽桥应选择合适的主梁底面、桥墩和桥台形态，减小桥下空间通行的压抑感。

条文说明

宽桥主梁梁底、桥墩和桥台如采用视觉体量大的形态，容易造成桥下空间通行的压抑感。采用适当的方法对主梁底面、桥墩或桥台的造型及色彩进行处理，如对大面积板墩进行挖空或直接采用V形墩，同时对桥台和主梁底面进行立面分割，能够改善桥下空间的景观效果。

8 附属设施

8.1 护栏、栏杆

8.1.1 护栏的形态选择应综合考虑梁体视觉高度及视觉体量需求。

条文说明

护栏形态的选择会影响梁体视觉高度及视觉体量。例如，图8-1中所示的实体护栏外缘采用不同的形式时梁体视觉高度和视觉体量会不同。图8-1a)的梁体视觉高度及视觉体量最大，图8-1b)、c)都可以在一定程度减小梁体的视觉高度及视觉体量。

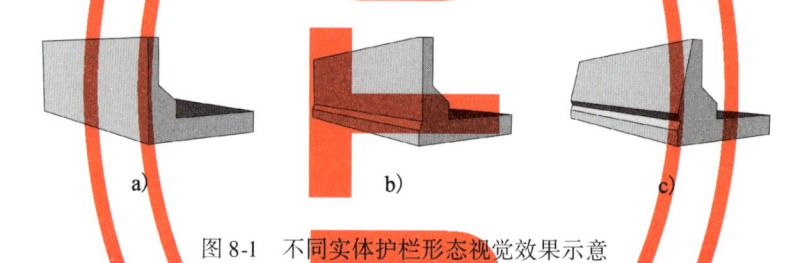

图8-1 不同实体护栏形态视觉效果示意

8.1.2 栏杆的形态可选用桥梁总体景观设计中确定的或相近的造型元素。

8.1.3 曲率半径较小的弯桥，当桥宽较窄时，宜采用通透护栏。

条文说明

弯桥行车视距较直桥小，在曲率半径较小的情况下采用不通透护栏容易产生视觉阻碍，而采用通透护栏会减弱视觉阻碍。

8.2 照明系统

8.2.1 桥面灯柱布置应符合下列规定：
1 小跨径桥梁灯柱宜与桥墩位置对齐。
2 灯柱形态可选用桥梁总体景观设计中确定的或相近的造型元素。

条文说明

对于小跨径桥梁，与桥墩位置对齐的灯柱布置显得简洁有序，如图 8-2a) 所示；而未与桥墩位置对齐的灯柱布置则容易影响桥梁的整体韵律，如图 8-2b) 所示。

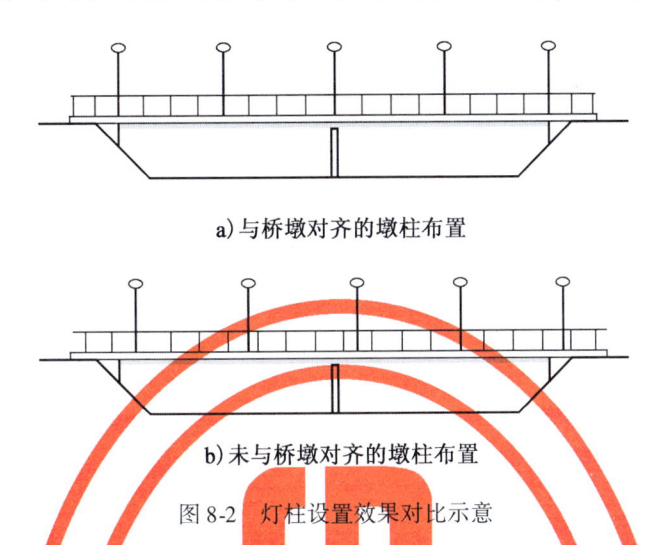

a) 与桥墩对齐的墩柱布置

b) 未与桥墩对齐的墩柱布置

图 8-2 灯柱设置效果对比示意

8.2.2 桥梁的夜景景观宜呈现桥梁的主要结构特征。

8.3 排水管

8.3.1 排水管宜设置于相对隐蔽的位置。

条文说明

排水管通常设置于车流方向的背、侧面，沿桥墩外沿排列，或于桥墩内部排列。

8.4 风障、声屏障

8.4.1 风障立柱及障条的造型宜与主桥形态协调。障条的透光度宜考虑风障的视觉完整，但不宜影响桥面行车视觉的通透。

条文说明

风障立柱及障条的造型直接影响桥梁整体景观，与主桥形态相协调的风障造型一般能够获得良好的景观效果。障条一般采用具有一定透光度的材料，透光度的选择需要保证风障的视觉完整，同时又要满足桥面行车视觉通透的需求。

8.4.2 固定在护栏上的风障或声屏障，其设置不宜影响护栏的视觉连续。

条文说明

图 8-3 中与护栏结合的风障,显示了良好的护栏视觉连续效果。

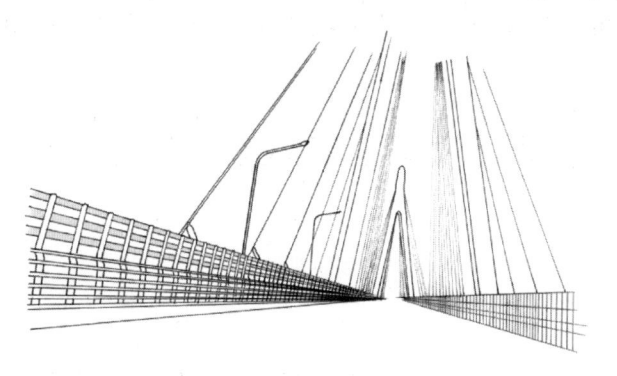

图 8-3　固定在护栏外侧的风障示例

条文说明

附录 A 桥梁造型设计方法

A.0.1 桥梁主体或构件造型宜考虑桥梁总体景观设计的需求,采用常用的比例,可单独或综合运用形体造型法、拓扑造型法、力线造型方法、内力图造型法、比例图解法和特征矩形法等方法进行设计。

A.0.2 形体造型法可按照构件划分、构件体加工、造型体形成的步骤进行。

条文说明

构件划分可以从基本的几何体开始考虑,如长方体、圆柱体等。构件体的加工方法主要有"加成"或"减成",图 A-1 和图 A-2 分别给出了对应的示例。图 A-3 为造型体的形成示例。图 A-4 为采用形体造型法获得的门式桥墩造型示例;图 A-5 为获得桥梁构件造型后,采用形体造型法获得桥梁主体造型的示例;图 A-6 为采用形体造型法直接获得的桥梁主体造型示例。

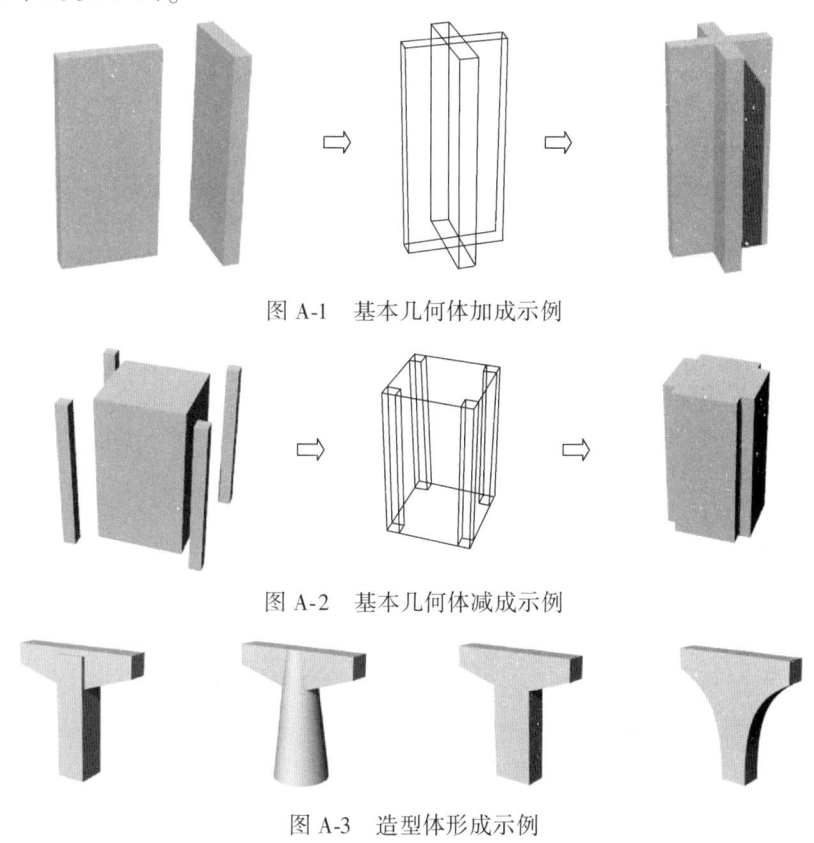

图 A-1 基本几何体加成示例

图 A-2 基本几何体减成示例

图 A-3 造型体形成示例

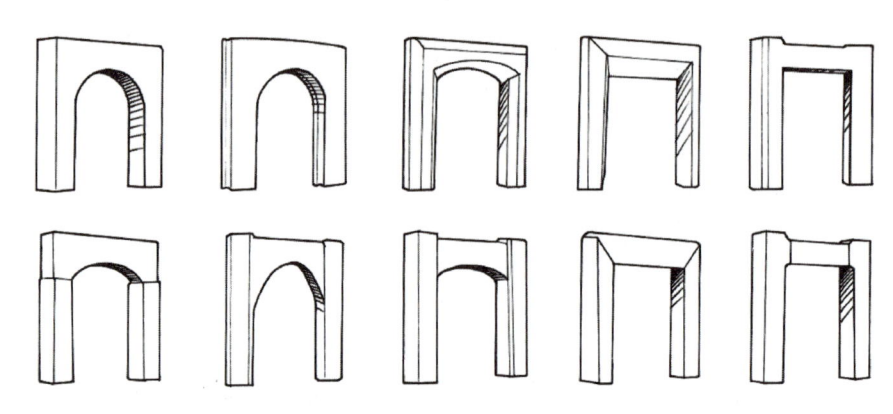

图 A-4　采用形体造型法获得的门式桥墩造型示例

a)基本构件体　　b)构件初步切割　　c)构件深化切割　　d)构件组合

图 A-5　采用形体造型法获得桥梁主体造型的示例

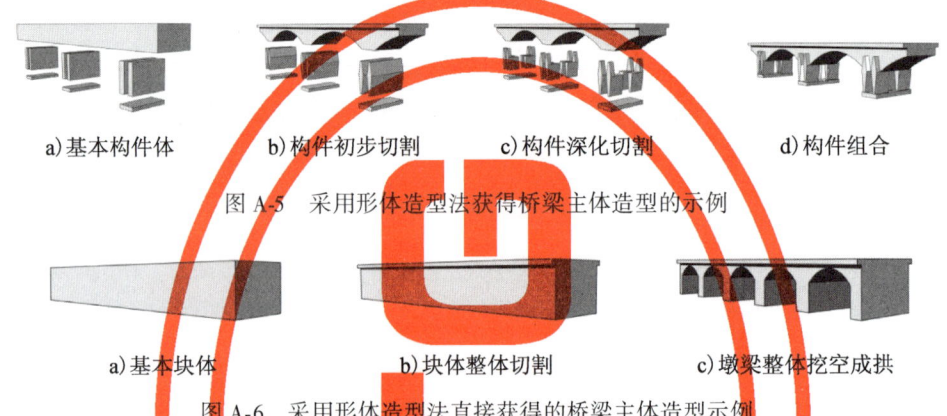

a)基本块体　　b)块体整体切割　　c)墩梁整体挖空成拱

图 A-6　采用形体造型法直接获得的桥梁主体造型示例

A.0.3　拓扑造型法可按选定优化体区域及边界条件、确定优化目标及拓扑优化计算、拓扑优化结果加工和造型比例校核的步骤进行。

条文说明

　　拓扑优化技术作为寻求在荷载作用及使用功能要求下桥梁构件最佳材料布置的造型设计方法，一般用于桥梁的主要受力、传力构件，如桥塔、锚碇、桥墩、主梁、主拱等的造型设计。

　　图 A-7 给出了某强台风区域的大跨悬索桥桥塔采用拓扑造型法进行造型设计的过程。采用拓扑造型法进行桥梁结构或构件造型，首先要选定优化体区域、边界条件和作用荷载，如图 A-7a) 所示。该悬索桥桥塔位于强台风区域，所以塔柱的横向风荷载和鞍座传递的竖向力荷载一样，成为桥塔受力需要重点考虑的方面。

　　拓扑优化计算一般要确定优化目标，选择合适的算法及控制准则，并通过非线性优化算法和有限元技术的结合开展具体的优化过程，如图 A-7b) 所示。获得了拓扑优化初步结果后，要结合桥梁结构设计的要求进行拓扑优化结果的加工，以获得初步的设计方案，如图 A-7c) 所示。这种加工一般是一个反复交互的过程。在获得了初步设计方案后，再结合桥梁主体及构件造型的需求进行造型比例校核，如图 A-7d) 所示的桥塔整体的上、下部之间以及桥塔下部基本符合黄金分割比例。

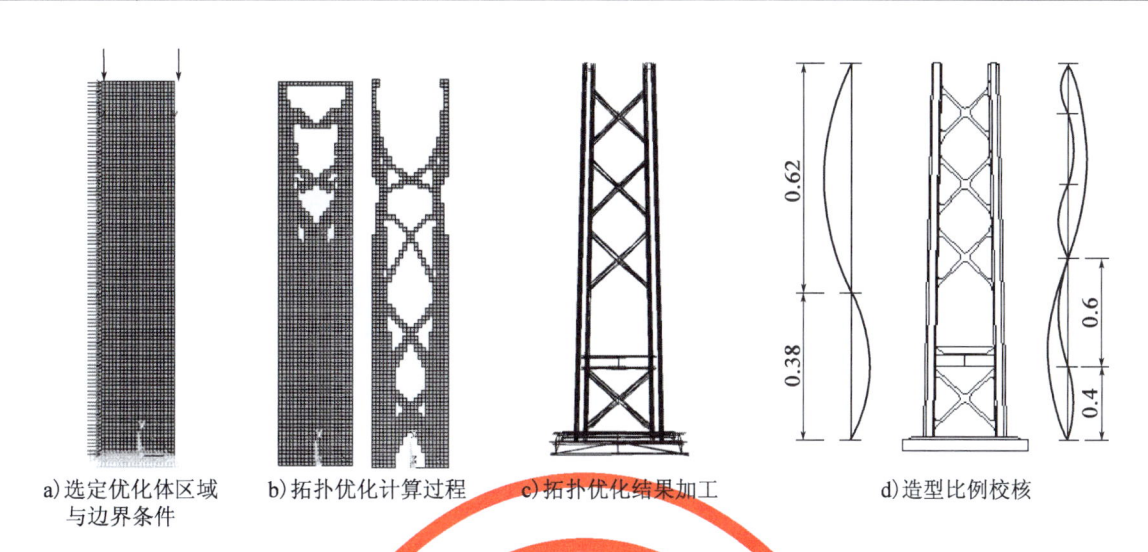

a) 选定优化体区域与边界条件　　b) 拓扑优化计算过程　　c) 拓扑优化结果加工　　d) 造型比例校核

图 A-7　采用拓扑造型法进行的某桥塔造型设计过程

A.0.4　力线造型法可按确定桥梁主体或构件轮廓及边界条件、内部力线分析、基本造型体生成、构件造型加工等步骤进行。

条文说明

图 A-8 给出了采用力线造型法进行某三跨连续梁桥整体造型设计的过程示例。首先给定待分析桥梁主体或构件的基本轮廓和边界条件及荷载，如图 A-8a) 所示；对桥梁主体或构件的力线分析一般应用弹性应力分析法或有限元法进行，如图 A-8b) 所示；基于力线分析的结果可以获得基本造型体，如图 A-8c) 所示；最后，一般还会考虑桥梁主体造型的需求进行桥梁主体或构件造型的加工，如图 A-8d) 所示。

a) 桥梁主体或构件轮廓及边界条件　　c) 基本造型体生成

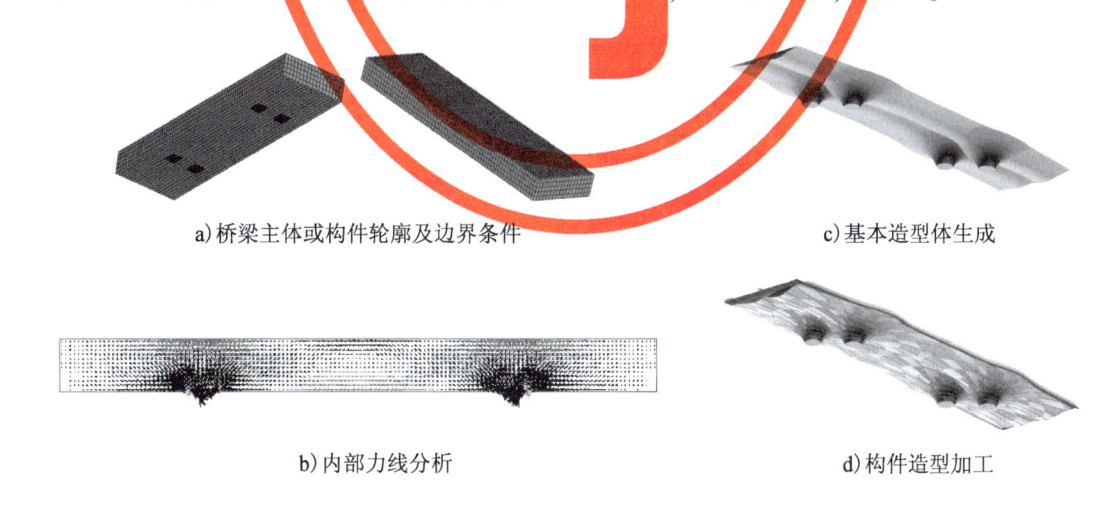

b) 内部力线分析　　d) 构件造型加工

图 A-8　采用力线造型法进行的某三跨连续梁桥整体造型设计过程

A.0.5　内力图造型法可在桥梁整体或构件方案初步确定后，按桥梁整体或局部构件主要受力状态确定、内力图轮廓特征提取、主体或构件造型设计及加工的步骤进行。

条文说明

图 A-9 给出了某三铰拱桥采用内力图造型法进行主拱造型设计的过程。首先选择了上承式三铰拱方案，如图 A-9a) 所示；针对三铰拱主要受力状态进行了内力分析，图 A-9b) 给出了主拱对应受力状态下的弯矩图轮廓；获得最终造型，如图 A-9c) 所示。

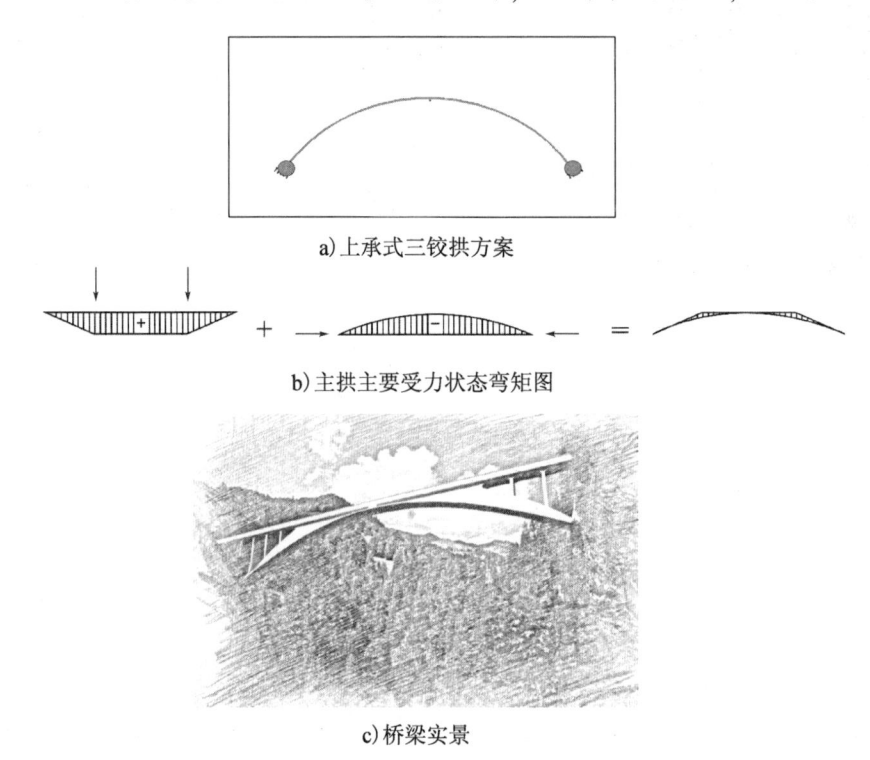

a) 上承式三铰拱方案

b) 主拱主要受力状态弯矩图

c) 桥梁实景

图 A-9　采用内力图造型法进行某三铰拱桥主拱造型设计的过程

图 A-10 给出了某跨线桥采用内力图造型法进行造型设计的过程。首先确定了该跨线桥为斜腿刚构桥方案，如图 A-10a) 所示；其次，通过桥梁整体主要受力状态下的结构分析，获得了桥梁结构整体或局部构件的内力图，图 A-10b) 给出了该跨线桥主要构件的弯矩图轮廓；然后，结合桥梁主体造型的需求，进行桥梁主体及构件造型设计与加工，图 A-10c) 给出了跨线桥最后采用的造型方案。

a) 斜腿刚构的方案　　b) 跨线桥主要构件弯矩图

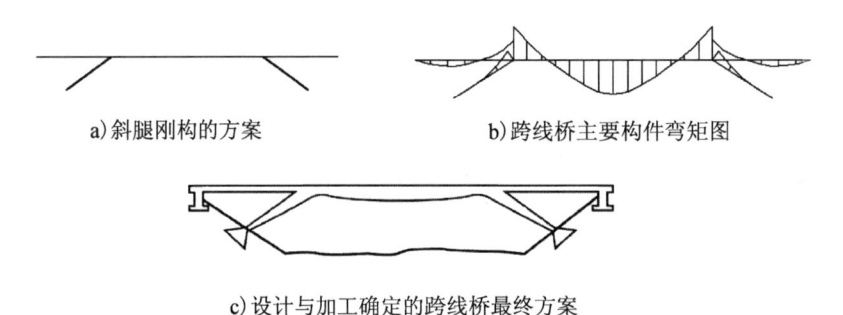

c) 设计与加工确定的跨线桥最终方案

图 A-10　采用内力图造型法进行某跨线桥造型设计的过程

A.0.6　比例图解法可采用黄金分割、平方根矩形等常用比例，以图形分解的形式进行桥梁主体或构件的立面空间布置。

条文说明

如图 A-11a) 所示，比例图解法采用投影的方式，以转换比例的弧长表示结构构件间的空间比例关系，直观地表现了某三塔悬索桥结构空间布置中的构件比例，获得了均衡与和谐的韵律。图 A-11b) 中的桥塔造型，应用比例图解法按照黄金分割比例进行了空间布置，获得了协调的比例效果。

a) 某三塔悬索桥立面空间布置

b) 某桥塔立面空间布置

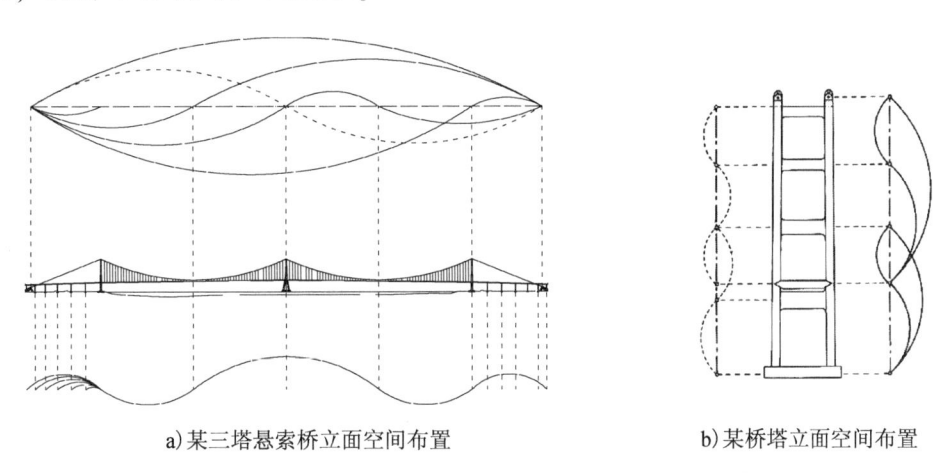

图 A-11 比例图解法在桥梁立面空间布置中的应用示例

A.0.7 特征矩形法可采用边长关系满足一定比例的矩形（如正方形或平方根矩形等）进行桥梁立面空间布置。

条文说明

图 A-12a) 的某拱桥主跨立面空间布置采用了 4 个具有一定比例和稳定的正方形，边跨和桥头堡建筑则采用了平方根矩形进行立面空间划分，取得了较好的数比关系；图 A-12b) 中的某三塔悬索桥，在采用特征矩形法进行立面空间布置时，中跨和边跨各采用了 6 个和 2 个相同的正方形，获得了良好的比例和韵律。

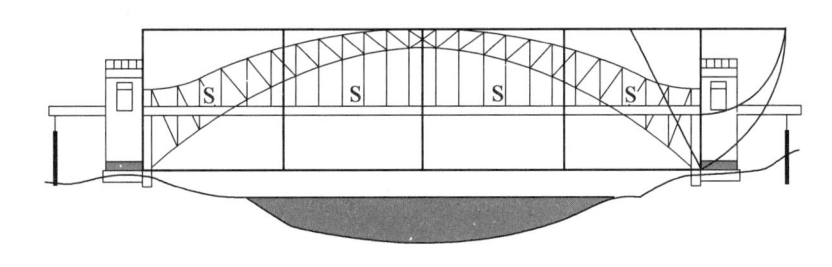

a) 采用特征矩形法的某拱桥立面空间布置示例

b) 采用特征矩形法的某三塔悬索桥立面空间布置示例

图 A-12 特征矩形法在桥梁立面空间布置中的应用示例

附录 B 桥梁造型常用比例

B.0.1 黄金分割比例可用于桥梁主体或构件造型的比例选择。

条文说明

把一条线段分割为两部分，使较大部分与全长的比值等于较小部分与较大的比值，则这个比值即为黄金分割比例。其比值近似为 0.618。黄金分割作为数学上的比例关系，被广泛应用于桥梁造型设计中的跨径、索塔、桥墩、缆索、净空等的空间布置。

B.0.2 平方根矩形比例可用于桥梁主体或构件造型的比例选择。

条文说明

短边与长边之比为 $1:x$（x 为 ≥ 2 的正整数）的矩形即为平方根矩形。平方根矩形比例作为动态对称比例系统中的一个重要部分，其比例是自然设计法中广泛采用的一个比例系统，即由整数的平方根所形成的数列 2，3，4，5，6，……。图 B-1a) 和 b) 是以正方形为基础分别用外作法和内作法做出的平方根矩形。

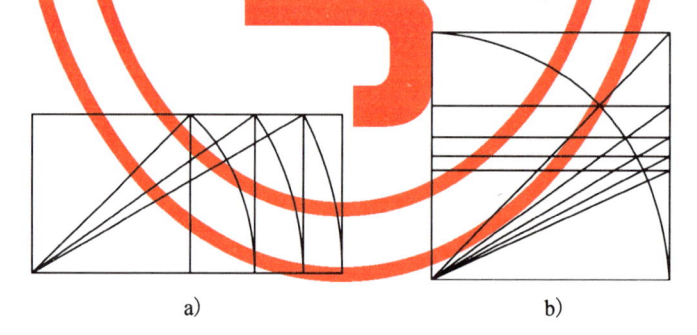

图 B-1 以平方根矩形为基本比例的动态对称比例作图法

B.0.3 序列比例可用于桥梁主体或构件造型的比例选择。

条文说明

序列比例是以某种等差或等比数列为基准的比例关系。采用序列比例设计的桥梁主体或构件造型往往能呈现出较强的韵律性。例如，采用序列比例中的等差数列比例进行多跨或多联桥梁的跨径布置，往往能够实现边、中跨或主、引桥跨径的良好过渡。

B.0.4 和谐音阶比例可用于桥梁主体或构件造型的比例选择。

条文说明

不同音阶的波长不同，波形中具有共同节点的音阶构成和谐音阶，其对应的波长比例即为和谐音阶比例。

和谐音阶间的波长不同，但其波形具有共同的节点，因而一组和谐音阶能产生共鸣音，由此带来和谐悦耳的效果。图 B-2 中所示为两组和谐音阶，其波长比例分别为 1、1/2、1/4 和 1、1/3、1/6。

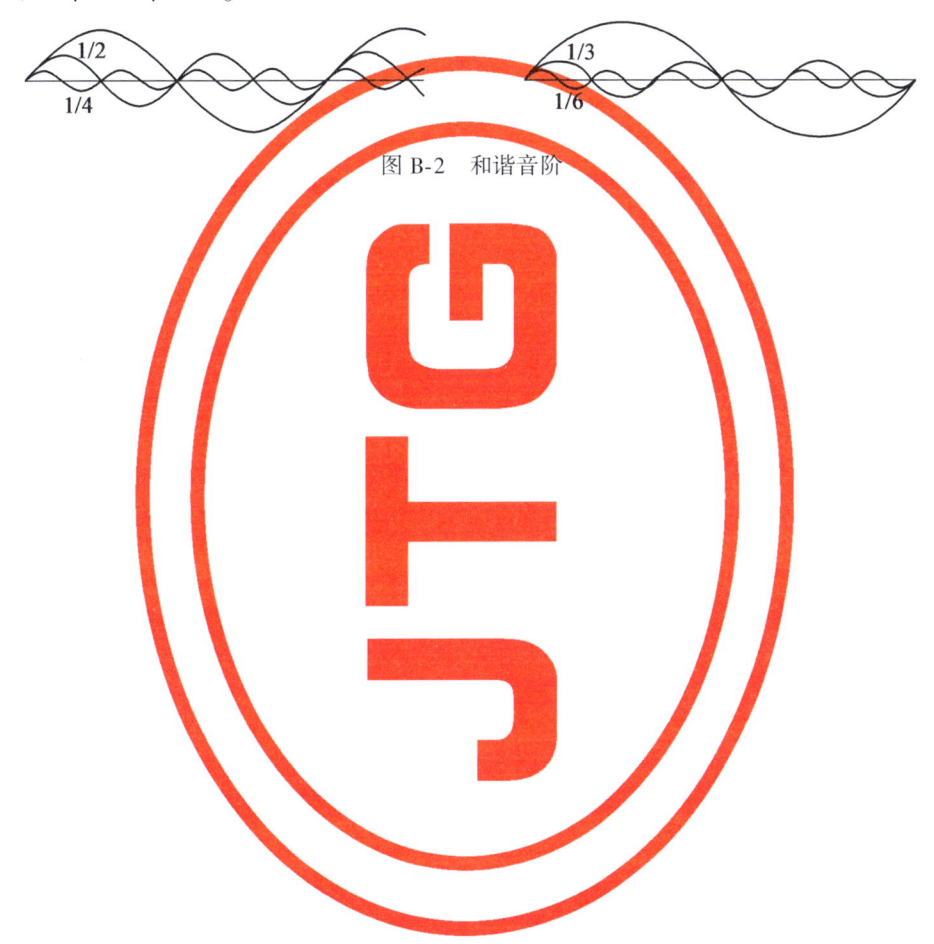

图 B-2 和谐音阶

本规范用词用语说明

1 本规范执行严格程度的用词，采用下列写法：

1) 表示很严格，非这样做不可的用词，正面词采用"必须"，反面词采用"严禁"；

2) 表示严格，在正常情况下均应这样做的用词，正面词采用"应"，反面词采用"不应"或"不得"；

3) 表示允许稍有选择，在条件许可时首先应这样做的用词，正面词采用"宜"，反面词采用"不宜"；

4) 表示有选择，在一定条件下可以这样做的用词，采用"可"。

2 引用标准的用语采用下列写法：

1) 在标准总则中表述与相关标准的关系时，采用"除应符合本规范的规定外，尚应符合国家和行业现行有关标准的规定"。

2) 在标准条文及其他规定中，当引用的标准为国家标准和行业标准时，表述为"应符合《××××××》（×××）的有关规定"。

3) 当引用本标准中的其他规定时，表述为"应符合本规范第×章的有关规定"、"应符合本规范第×.×节的有关规定"、"应符合本规范第×.×.×条的有关规定"或"应按本规范第×.×.×条的有关规定执行"。